JN048514

アメリカ人教授に学ぶ

英文ライティングの
メタモルフォーゼ

ENGLISH WRITING METAMORPHOSIS

LEARNING FROM AN AMERICAN PROFESSOR

トフルゼミナール講師

鈴木健士 著

英語監修／早稲田大学名誉教授

ジェームス・M・バーダマン

KADOKAWA

　大学入試の英語でどれだけ偏差値が高くても、TOEIC® などの英語民間試験のリーディングセクションでどれだけ高い点数を取っても、英文ライティングを苦手にしている人は多いものです。

　それは、大学入試のための漢文をどれだけ勉強しても、書けるようにはなかなかならないのに似ています。夏目漱石のように漢学を修めて自ら漢詩を作ったような人もいるのは事実ですが、現代では高校時代に漢文をどれだけ熱心に勉強した人であっても、その知識を自由自在に扱って自己表現ができる人はほとんどいないでしょう。同様に、語彙や文法を学習して多読することで難解な英文を読み解くことができるようになったとしても、「自分の考えを英語で書く」ということになると四苦八苦してしまう人が多いのです。

　しかし、すでにかなりの文法力や語彙力が備わっている上級者の皆さんは、それを使えば、少し意識を変えるだけでライティング力を飛躍的に高めることができます。実際に、そのような上級者の場合、私の授業を数回受講すると、英検などの英語民間試験のライティングのスコアが飛躍的に上がったり、大学などのレポートで高評価を受けたりすることも珍しくありません。そのためにはいったいどうしたら良いのでしょうか？

　例えば「大谷が大きな目標を掲げたので、一部の野球評論家は憤慨した」を英語にするとどうなるでしょうか？　直訳して、Ohtani set a big goal, so some baseball critics got angry. のように書いてしまいがちですが、これを次のような3ステップで書きかえると見違えるほど洗練された英文になります。

① "無生物" を主語にする

Ohtani set a big goal という前半部分は、Ohtani's big goal という名詞のカタマリにできます。それを Ohtani's lofty aspirations（大谷の大きな志）にすると、さらにレベルアップします。

② 続きを make OC で書く

Ohtani's lofty aspirations を S にして made some baseball critics angry という make OC を続けると、Ohtani's lofty aspirations made some baseball critics angry. になります。critics の代わりに「ご意見番」という意味の pundits を使ってみるのも良いでしょう。

③ make 以外の動詞を使って書きかえる

make~ angry は anger~ や upset~ のような「怒らせる」という意味の動詞 1 語にできます。そうすると Ohtani's lofty aspirations upset some baseball pundits. になります。「羽を逆立たせる」という意味の ruffle one's feathers などの熟語を使って Ohtani's lofty aspirations ruffled the feathers of some baseball pundits. にすることもできます。鳥が憤って羽を逆立てている様子が鮮やかに浮かんでくる表現です。

　この 3 ステップを始めとする様々な技術を効果的に習得できるように工夫を凝らした最強のエッセイとバイリンガルコラムを、バーダマン先生のお力を拝借して執筆しました。そこに時事英語や文学作品の実例を加えることで、この本に登場する技術が単なる試験のスコアアップのための手段ではなく、実用性が高いものであることを実感できる構成になっています。

　つまり、本書には、日本人学習者が英文ライティング力を高めるうえで障壁となっていたものを打ち破って、メタモルフォーゼを成し遂げるためのヒントが満載だということです。私からのアドバイスを参考にしながら、アウトプットを意識して質の高い英文を読むことで、皆さんの書く英文の質が劇的に高まっていくことでしょう。本書をお読みになった皆さんが、一生涯使えるライティングの技術を身につけられることを、切に願っています。

　本書の執筆には多くの方々にご協力いただきました。私一人の力では到底書き上げることができなかったような充実した内容の書籍が、このように日の目を見ることになったのは、多くの方々のご支援があったからです。特に、Inspire English の Taka 先生と Azusa 先生、駿台予備学校の中澤俊介先生、株式会社 KADOKAWA の駒木結さん、細田朋幸さん、そしてエッセイの執筆に協力してくださっただけでなく、私が悩み苦しんでいる時に大きな心の支えとなってくださった早稲田大学名誉教授のジェームス・M・バーダマン先生に心より御礼申し上げます。

2023 年 1 月

鈴木健士

The past five decades have seen me devote considerable time and effort to addressing the enormous gap between English and Japanese. Dozens of book translation projects have helped me develop a degree of skill in turning something quintessentially Japanese into what reads as if it had been composed originally in English.

However, this improvement in my translation skills had not been fully utilized in my university writing classes. My search for more effective ways to teach learners eventually led to my encounter with a reference book on breaking away from Japanese to write natural English, one penned by Suzuki Takeshi, who happened to be the translator of my 2009 book, *Barack Obama and the Victory Speech*. His methodology impressed me so deeply that, on the spur of the moment, I contacted him. What you hold in your hand is the fruit of our continued communication since then.

Of all the Japanese I know personally or through the printed page, he is, in my judgment, one of the two best writers of English around. This is not just a matter of using fancy phrases or sophisticated vocabulary; it is a matter of conveying something well thought out, with no trace of Japanese English. That he is eager to impart his skills to learners is cause for celebration. I assure you that mastering the techniques that appear in this volume will enable you to gradually escape from Japanese English. If you stick with them, you will enjoy writing in English, too.

James M. Vardaman

この 50 年間、私は相当な時間と労力を費やして、英語と日本語の間にある途方もない溝に立ち向かってきました。たくさんの翻訳プロジェクトに参加して、日本語特有の文を、原文が英語であるかのような読みやすいものにしていく術を、多少なりとも身につけることができたと思っています。

　しかし、そうやって翻訳の技術が向上しても、大学のライティングの授業には生かしきれていませんでした。もっと効果的な指導方法はないか模索していたところ、日本語に縛られずに自然な英語を書くための方法を指南する参考書に出会ったのです。その本は偶然にも、2009 年の拙著『オバマ勝利の演説』の翻訳者、鈴木健士先生が執筆したものでした。その方法論に深く感銘を受けた私は、とっさに先生に連絡を取ったのです。そこから何度もやりとりをして、今手にしていただいている本書が誕生することとなりました。

　面識のある日本人だけでなく活字を通して知ることになった日本人の中でも、鈴木先生は一二を争う英文ライティングの達人だと考えています。洒落た言い回しや洗練された語彙を使うだけではなく、考え抜かれたものを、日本人英語を微塵も感じさせずに伝えてみせるからです。そのスキルを、学習者に伝授してくれるというのですから、嬉しい限りです。本書で紹介されている技術を身につければ、徐々に日本人英語に縛られなくなっていきます。その技術を使い続ければ、きっと英文を書くのも楽しくなっていくことでしょう。

ジェームス・M・バーダマン

CHAP. **1〜6**　英文らしい「型」の習得を目指す

英語らしい表現をふんだんに使ったエッセイを読んでいきます。参考にしたいライティングの POINT に下線を付してあるので、どんなテクニックなのかを考えながら読んでみましょう。

解説の構成

よくある英作文	日本語から発想した時に書きがちな英文を比較のために記載しています。どのように"変換"するのかに注目しましょう。
EX. 時事英語 文学での使用例	各 POINT のテクニックが実際に使われている例の引用です。
💬 PHRASES	覚えておくと便利な重要表現を取り上げて解説しています。
📄 COLUMN	本書で解説したライティングの POINT をふんだんに使った、筆者の書き下ろしエッセイです。1周目は読み物として楽しみ、全体を一読した後の2周目は、どこに POINT が隠されているのかを探しながら読んでみましょう。
✅ CHECK	本文の解説に対する補足情報を提示しています。
✏ 練習 EXERCISE	各 POINT のテクニックを使ってアウトプットの練習をします。学習してすぐに使ってみることで、定着しやすくなります。

CHAP. **7**　身につけた「型」の定着を目指す

Chapter 1-6 で学習したテクニックを使いながら英文エッセイを書く練習をします。"英語らしい"表現を目指して本書に登場する生徒と一緒に試行錯誤しましょう。

＊本書で引用した英文には適宜省略（...）や注釈（引用注−）を施し、かつ読みやすさの観点から一部を大文字から小文字へ改めました。また、原文がイギリス版のみの場合はイギリス英語のスペルのまま引用しています。

＊本書で引用する英文について、原書が日本語のものは日本語訳として原文を引用し、原書が英語のものは筆者による日本語訳を記しました。なお、表現上の参考になるものを引用したもので、筆者の政治的信条などを必ずしも表すものではありません。

＊本書では、日本語の人名を英語で表記する場合、「姓名」の順で表記します。

CONTENTS 目次

CHAP.

1

Basic Level #1　An Unexpected Kindness

CHAP.

2

Basic Level #2　Japanese Food

CHAP.

3

Advanced Level #1　The Civil Rights Movement

CHAP.

Advanced Level #2　The Glass Rabbit

CHAP.

Advanced Level #3
English and Japanese

Advanced Level #4
My Encounter with Japanese Literature

CONTENTS

CHAP.

7

Practice　Sho-time

登場人物紹介

エリ Eri

私立大学で英文学を専攻している4年生。海外の大学院に進学してから翻訳者として活躍するのが将来の夢。

ヒデ Hide

国立大学を卒業した後に、会社員になったものの、翻訳者になる夢を捨てきれずに、日々英語学習に励んでいる。

先生 Teacher

通称スッタケ先生。実用英語の世界で培った経験や技術を生徒に還元するため日々奮闘中。

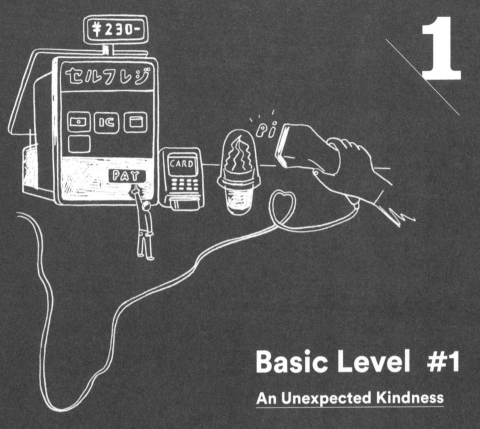

Basic Level #1

<u>An Unexpected Kindness</u>

Chapter 1では、比較的短めのエッセイの一つ目を読んでいきます。和文英訳が必要な人や、より深く学びたい人は、最初に日本語訳を読んで自分なりの英語に訳したうえで、エッセイの英語と「よくある英作文」を比べてみましょう。そうすることで、バーダマン教授の英語に隠された英文ライティングのテクニックが浮き彫りになります。特に、①名詞のカタマリをSにして、② make OC を繋ぎ、③ make 以外の動詞を使って書きかえるという3ステップは、後の Chapter でも軸となるテクニックです。そのようなテクニックにさらに Chapter 2で学習する技術を組み合わせると、Chapter 3以降で難度の高い英文ライティングに挑戦する際の大きな武器となるだけでなく、自分の英語を大きく変える第一歩にもなります。それではさっそく始めましょう！

❶<u>An</u> Unexpected Kindness

As I am a long-term resident, the routines of Japanese daily life are ❷<u>second nature to</u> me. My automatic behavior sometimes ❸<u>makes it hard to see</u> subtle changes around me.

❹<u>A case in point</u> is my recent visit to a nearby convenience store to buy my favorite ice cream. Purchase ❺<u>in hand</u>, I lined up in ❻<u>the usual</u> aisle when a young Japanese customer asked me if I wanted to use the self-checkout system. ❼<u>Only then</u> did I realize that my routine behavior had ❽<u>prevented me from noticing</u> the change in the store's payment options.

❾<u>The new system</u> at first confused me, but his kind help ❿<u>enabled me to complete</u> the transaction. I expressed ⓫<u>to him</u> the gratitude that had welled up inside me. Without him, I ⓬<u>would have struggled</u> with the checkout. His kindness ⓭<u>reminded</u> me of the numerous people who had helped me in Japan. ⓮<u>It is these chance meetings that</u> have enriched my life. My heartfelt thanks ⓯<u>go to</u> all of them.

(165 words)

~~~~~~

日本語訳

~~~~~~

思いがけない優しさ

　長く暮らしているので、日本の生活の日課にはすっかり慣れている。無意識に行動してしまって、周囲の微妙な変化に気づきにくいこともある。

　例えば、先日、大好きなアイスクリームを買いに近くのコンビニに行った時のことだ。お目当ての品を手に、いつもの通路の列に並ぶと、若い日本人のお客さんが「セルフレジを使いたいのですか？」と尋ねてきた。その時になってようやくわかったのだ。いつも通りに行動してしまって、店の支払い方法が変わっていると気づけなかったことが。

　システムが新しくなっていて最初は戸惑ったが、そのお客さんが親切に手伝ってくれたお陰で、会計を済ませることができた。湧き上がってきた感謝の気持ちを伝えた。彼がいなければ、会計に苦労していたことだろう。親切にしてもらったことで、日本でお世話になった数えきれないほど多くの人の姿が浮かんできた。このような人達に偶然出会ってきたからこそ、私の人生は充実したものになったのだ。全ての人に心から感謝したい。

「kindness」に不定冠詞の「a (an)」が付く理由

An unexpected kindness

思いがけない優しさ

 どうして kindness に「a」がついているのですか？

この「優しさ」が、具体的な行為だからだよ。

　kindness が「優しさ」という抽象的な概念を表すのに対して、a kindness は a kind act という具体的な行為を表します。このように、同じ名詞でも抽象的な概念を表している場合には不可算名詞、具体的な内容を表している場合には可算名詞になることが多いのです。ここでは筆者がコンビニで経験した思いがけない具体的な親切な行為について話しているので、a (an) という不定冠詞が必要です。

EX. 時事英語での使用例

> If we have to listen to something that doesn't matter to us, to do it once is a kindness, to do it regularly is a burden. (*The Economist*)
>
> 自分にとってどうでもいいことを聞かなければならない場合、一回やるのは親切、何度もやるのは負担になる。

練習

次の二つの意味の違いをそれぞれ答えましょう。

1. beauty ／ a beauty　　2. democracy ／ a democracy

解答例 1. 美というもの／美しいものや人　2. 民主主義というもの／民主国家

「second nature」の使い方

The routines of Japanese daily life are second nature to me.

日本の生活の日課にはすっかり慣れている。

| よくある英作文 | I am used to the routines of Japanese daily life.

> second nature って面白い言い回しですね。

　よくある英作文で使われている A is used to B. の意味を広げたのが、B is second nature to A. です。「少しずつ慣れ親しみ、生まれた時から備わる本能であるかのように難なくこなせる」という意味です。「とても簡単」ということなので、It is very easy for A to deal with B. の言いかえとも考えられます。

EX. 文学での使用例

There is no branch of detective science which is so important and so much neglected as the art of tracing footsteps. Happily, I have always laid great stress upon it, and much practice has made it second nature to me. (Arthur Conan Doyle, *A Study in Scarlet*)

探偵術の分野で、足跡をたどる方法ほど重要でありながら、軽視されているものはない。幸いなことに、私は常にこの技術を重視し、多くの訓練を積んできたため、今ではすっかり身についている。

練習

「second nature」を使って、次の日本語を英訳しましょう。
シドニー暮らしの長いタカは英語を話すのに慣れている。

（解答例）Speaking English is second nature to Taka as a long-term resident of Sydney.

「make OC」を使いこなす

My automatic behavior sometimes makes it hard to see subtle changes around me.

無意識に行動してしまって、周囲の微妙な変化に気づきにくいこともある。

| よくある英作文 | I behave automatically, so I sometimes cannot see subtle changes around me.

 Iを主語にした SV, so SV. の連発を防ぐ方法はありますか？

I を My にすることから始めてみよう。

SV, so SV. のような同じパターンを繰り返さないために、次に示す考え方で書きかえる意識を持つようにしましょう。質の高い英文ライティングへのカギを握る重要な考え方の「型」です。

STEP 1　主格を所有格にする。…I ⇒ My
STEP 2　動詞を名詞にする。…behave ⇒ behavior
STEP 3　名詞のカタマリ (My automatic behavior) に make OC を続ける。
　　　　…S makes it hard to see subtle changes around me.

make OC で「V できない」という内容を続けるには、make it impossible for~ to V を使いましょう。impossible を hard や difficult にすると意味が弱まります。反対に「V できる」なら、make it possible for~ to V が使えます。possible を easy にすると「V するのは簡単だ」という意味になりますね。意味上の主語が文脈から明確な場合には、for~ は省略可能です。

EX. 時事英語での使用例

Social networks such as Instagram and TikTok have <u>made it possible for anyone to broadcast</u> his or her dangerous exploits. (*The Economist*)

Instagram や TikTok などの SNS によって、 誰でも自分の危険な行為を発信できるようになった。

COLUMN

Automatic behavior often leads to serious blunders. My frequent use of Narita Airport for international travel once made me neglect to check my schedule, missing my flight from Haneda to Taipei.

何も考えずに行動してしまって、 大失敗をしてしまうことがよくあります。 海外旅行で成田空港を利用することの多い私は、 スケジュールの確認を怠って、 羽田発台北行きのフライトに乗り損ねたことがありました。

 練習　　　　　　　　　**EXERCISE**

「make」 を使って、 次の日本語を英訳しましょう。

1. この本のお陰で宿題を簡単に終わらせることができた。
2. ハルの不手際のせいで私たちはそのプロジェクトで成功できなかった。
3. 花子のアドバイスのお陰で太郎はその試験に合格できた。
4. トモが手伝ってくれたお陰で、 私はこの本を書き終えられた。
5. このスマホのお陰で、 学生は英語を勉強しやすい。

（解答例）

1. This book <u>made it easy for me to finish</u> my homework.
2. Haru's blunder <u>made it impossible for us to succeed</u> in the project.
3. Hanako's advice <u>made it possible for Taro to pass</u> the exam.
4. Tomo's help <u>made it possible for me to finish</u> this book.
5. This smartphone <u>makes it easier for students to study</u> English.

POINT 04

例示表現のバリエーションを広げる

A case in point is my recent visit to a nearby convenience store.

例えば、先日、近くのコンビニに行った時のことだ。

| よくある英作文 | For example, I recently visited a nearby convenience store.

 例を挙げる時、 For example を連発しがちなので、それ以外の表現方法を知りたいです。

よく使うものは、言いかえのストックが多い方が良いね。

　例示をする場合、For example, SV. や For instance, SV. を連発しがちです。代わりに A good example of this という意味の <u>A case in point</u> が使えます。S is a case in point. や A case in point is C. の S や C に様々な名詞のカタマリを入れることで、For example や For instance などに頼らない例示ができるのです。

EX. 時事英語での使用例

Dominic Lieven says empires eventually end amid blood and dishonour. The academic argues that Russia's invasion of Ukraine is <u>a case in point</u>. *(The Economist)*

ドミニク・リーベンは、帝国は血を流し、恥をさらして終わるのがオチだと言う。この学者は、ロシアのウクライナ侵攻がその典型例だと主張するのだ。

📄 COLUMN

The range of products available in convenience stores in Japan never ceases to amaze me. It is not unusual to find not only Japanese food items but also those from other countries on their shelves. A green curry sold at my neighborhood store tastes as good, if not better, than what I had in Bangkok.

日本のコンビニの品揃えにはいつも驚かされます。 日本の食品だけでなく、 他の国のものが陳列されていることも珍しくありません。 私の家の近所のコンビニで売っているグリーンカレーは、 バンコクで食べたものに勝るとは言わないまでも、 同じくらいおいしいです。

 練習   **EXERCISE**

「a case in point」 を使って、次の日本語を英訳しましょう。

1. 東南アジアには観光に経済の多くの部分を依存している国が多い。その典型例が GDP の 2 割を観光関連産業が占めるタイだ。
2. 途上国が人口激増の深刻な影響に苦しむ一方で、少子高齢化の影響で将来が危ぶまれる先進国もある。世界で最も高齢化の進んだ国、日本はその典型例だ。

(解答例)

1. Many countries in Southeast Asia depend on tourism for a large portion of their economies. A case in point is Thailand, with 20% of its GDP coming from tourism-related industries.
2. While the developing world is suffering from the serious effects of a population explosion, there are some developed countries whose future hangs in the balance due to their declining birthrates and aging populations. Japan, the world's most aged nation, is a case in point.

* 「a case in point」 の代わりに 「a textbook example of this」 を使って典型例を挙げる方法もあります。

付帯状況を表す「with OC」の中の省略

Purchase in hand,

お目当ての品を手に（した状態で）

| よくある英作文 | With the purchase in my hand,

> よくある英作文と違って、With も the も my もないですね。

　まず、付帯状況の with OC は、with を省略できます。さらに、その後ろの冠詞や所有格も省略されることがあります。これで「お目当ての品を手にして」という内容を Purchase in hand というたった3語で表現できるのです。

EX. 時事英語での使用例

| Mr Cusick's own daughters ran, <u>eyes closed</u>, past the Dalek picture (...)
| (*The Economist*)
| キュージック氏の実の娘たちが、目をつぶって、ダーレクの絵の前を走り過ぎていった。

練習

with、冠詞、所有格を省略して書きかえましょう。

1．With money in her hand, she was looking at the diamond ring.

2．Taro stood still, with his eyes glued to the screen.

(解答例) 1. <u>Money in hand</u>, she was looking at the diamond ring.
2. Taro stood still, <u>eyes glued to screen</u>.

「the」の役割を考える

I lined up in the usual aisle (...)

いつもの通路の列に並ぶと（...）

usual aisle に the がついていることに注目しよう!

　the には「一つに決まる」という意味合いがあります。例えば「同じ辞書」であれば一つに決まるため、the same dictionary になります。これと同様に、「行きつけのコンビニでいつも並ぶ通路」は一つに決まるので、the usual aisle になっているのです。

EX. 文学での使用例

As he sat in <u>the usual</u> morning traffic jam, he couldn't help noticing that there seemed to be a lot of strangely dressed people about. People in cloaks. (J.K. Rowling, *Harry Potter and the Philosopher's Stone*)

いつものように朝の渋滞に巻き込まれながら、彼は奇妙な格好をした人々がたくさんいることに気づかずにはいられなかった。マントを着た人達だ。

練習

次の日本語を英訳しましょう。

1. いつものバーで会いましょう。

2. シュンスケはいつもの時間に家を出た。

(解答例) 1. See you at <u>the usual</u> bar.

2. Shunsuke left home at <u>the usual</u> time.

「Only + 副詞」の使い方

Only then did I realize (...)

その時になってようやくわかったのだ（...）

> 疑問文でもないのに did I realize になっていますね。

　Only + 副詞で始まっていることに注目しましょう。Only + then（副詞：その時）で、「その時になって初めて」という書き手の驚きが表現されているのです。このような気持ちのこもった「only + 副詞／副詞句／副詞節」の後ろは、疑問文と同じ倒置の文になります。

EX. 文学での使用例

People throw away their lives for honor, love, or friendship, and <u>only then</u> do they turn into spirits. (Murakami Haruki, *Kafka on the Shore*)

信義や親愛や友情のために人は命を捨て、霊になる。

練習

次の日本語を「Only」で始めて英訳しましょう。

1. 最近になってやっと母はスマホに慣れた。

2. もっと勉強しないと、その試験に合格できない。

3. あなたといる時しか幸せな気持ちにならない。

解答例 1. <u>Only recently</u> did my mother get used to her smartphone.

2. <u>Only by studying harder</u> will you be able to pass the exam.

3. <u>Only when I am with you</u> do I feel happy.

POINT

08

「prevent」の使い方

(...) that my routine behavior had prevented me from noticing the change in the store's payment options.

（...）いつも通りに行動してしまって、 店の支払い方法が変わっていると気づけなかったことが。

| よくある英作文 | I behaved as usual, and I could not notice the change in the store's payment options.

I ⇒ My への書きかえからスタートですね。

STEP 1 名詞のカタマリを作る。…I behaved as usual ⇒ My usual behavior

STEP 2 make を使って VOC の形にする。…made it impossible for me to notice

STEP 3 make 以外の動詞に書きかえる。(make it impossible for~ to V ⇒ prevent~ from V-ing) …prevented me from noticing

　名詞のカタマリを作り、make OC を繋ぐ考え方に、make 以外の動詞に書きかえる手順を加えたこの３ステップが、この後もよく使う大事な「型」です。STEP 1 の usual は前の文で使用済みなので、今回は、routine を使っています。

EX. 時事英語での使用例

The lack of English communication skills <u>prevented</u> Japan <u>from being</u> a global leader. *(TechCrunch)*

英語のコミュニケーション能力不足で、 日本は世界のリーダーになれなかった。

練習

「prevent」を使って、次の日本語を英訳しましょう。

深刻な大気汚染のせいで健康に暮らせない人がたくさんいる。

（解答例）Serious air pollution <u>prevents</u> many people <u>from living</u> healthy lives.

「名詞 + be 動詞 + 形容詞」の SVC を
名詞のカタマリにする①

The new system at first confused me, (...)

システムが新しくなっていて最初は戸惑った（が ...）

| よくある英作文 | The system was new, so I was at first confused.

> The system was new をうまく書きかえたいです！

SVC の C にあたる形容詞を S の名詞に付けるだけで、名詞のカタマリになります。下の使用例でも、my parents were <u>anxious</u> という SVC ではなく、my <u>anxious</u> parents になっています。これを使って次のステップで書きかえましょう。

STEP 1　名詞のカタマリを作る。…The system was <u>new</u> ⇒ The <u>new</u> system
STEP 2　make OC を繋ぐ。…S made me confused
STEP 3　動詞の書きかえ。(make confused ⇒ confuse) …S confused me

make~ confused は「混乱させる」という意味の他動詞 confuse~ 1 語にできます。

EX. 文学での使用例

(...) <u>my anxious parents</u> found a private dorm for me to live in (...)
（Murakami Haruki, *Norwegian Wood*）
親が心配して寮をみつけてきてくれた。

練習

以下の文を名詞のカタマリにしましょう。
This gadget is innovative.

（解答例）This innovative gadget

POINT 10

「enable」の使い方①

(...) but his kind help enabled me to complete the transaction.

(...) しかしそのお客さんが親切に手伝ってくれたお陰で、会計を済ませることができた。

| よくある英作文 | He kindly helped me, so I was able to complete the transaction.

make it possible for~ to V と enable~ to V の書きかえだよ。

make OC はとても便利なのですが、それに頼りすぎずに他の表現も積極的に身につけましょう。「可能にする」という意味の enable もその一つです。

STEP 1　名詞のカタマリを作る。…He kindly helped me ⇒ His kind help

STEP 2　make OC を繋ぐ。…S made it possible for me to complete

STEP 3　動詞の書きかえ。（make it possible for~ to V ⇒ enable~ to V）
　　　　…<u>made it possible for</u> me to complete ⇒ <u>enabled</u> me to complete

EX. 時事英語での使用例

New technology has <u>enabled</u> start-ups <u>to predict</u> the behavior of politicians and big businesses. (*The Economist*)

新しい技術のお陰で、新興企業は政治家や大企業の行動を予測できるようになった。

練習

「enable」を使って、次の日本語を英訳しましょう。

その iPhone が人気になったお陰で Apple は売上げを伸ばした。

(解答例) The popular iPhone <u>enabled</u> Apple Inc. <u>to boost</u> its sales.

前置詞句の位置に注目①

I expressed to him the gratitude that had welled up inside me.

湧き上がってきた感謝の気持ちを伝えた。

| よくある英作文 | I expressed the gratitude that had welled up inside me to him.

＊well up は考えや気持ちが「湧き上がる」という意味

expressed の直後に to him を置くとは思いませんでした。

良いところに目を付けたね！　理由を確認しよう。

　前置詞句には形容詞句と副詞句の役割があり、文末に置いてしまうと、どの名詞や動詞を修飾しているのか曖昧になってしまうことがあります。例えば、the gratitude that had welled up inside me という O は長いので、I <u>expressed</u> the gratitude that had welled up inside me <u>to him</u>. にすると、to him が何を修飾しているのかわかりません。ですから to him が expressed を修飾していることを明確にするために直後に置いて、expressed to him にしてあげるのです。そうすることで、修飾関係が明確になるだけでなく、O の内容を際立たせることにもなります。

EX. 時事英語での使用例

　(...) a collapse of the euro would bring <u>with it</u> unprecedented technical, economic and political costs. *(The Economist)*

ユーロが崩壊すれば、技術的、経済的、政治的にかつてないほどの代償を払うことになる。

COLUMN

The kindness of people you come across abroad will be etched in your mind as a special memory. For example, the warm hospitality extended to me during my trip to the former Yugoslavia remains engraved in my mind as a treasured experience. A Macedonian student sitting next to me on my flight from London to Skopje invited me to her family home in Ohrid, the ancient city known as the birthplace of the Cyrillic alphabet, where I came down with the flu and was nursed back to health. This memory has stuck with me since then.

海外で出会った人々に親切にしてもらうと、 心に残る大切な思い出になります。 例えば、 旧ユーゴスラビアを訪れた際に温かくもてなしてもらったことは、 貴重な経験として私の記憶に残っています。 ロンドンからスコピエへのフライトで隣の席だったマケドニア人学生は、 キリル文字発祥の地として知られる古都オフリドにある自宅に招待してくれました。 そこでインフルエンザにかかって看病してもらうことになったのは、 今でも忘れられない思い出です。

🖊 練習　　　　　　　**EXERCISE**

下線部の前置詞句の位置を変えて、 主節の動詞を修飾していることを明確にしましょう。

A mysterious ancient object brought Dr. Indiana Jones and many other enthusiastic archeologists who had never seen anything like it <u>to Chiba</u>.

(解答例)

A mysterious ancient object brought <u>to Chiba</u> Dr. Indiana Jones and many other enthusiastic archeologists who had never seen anything like it.

強調したい時に仮定法を使う

Without him, I would have struggled with the checkout.

彼がいなければ、会計に苦労していたことだろう。

 仮定法は、現実離れしたことを言う時に使うんですよね。

仮定法は、現実を強調するためにもよく使うんだよ。

POINT 11 の文に、仮定法の文 Without him, I would have struggled with the checkout. を加えることで、手伝ってもらったことへの感謝の気持ちを強調しています。彼が手伝ってくれなかったらどんな結果になっていたのかについて述べることで、大きな力になってくれたことを強調しているのです。

アメリカのコメディドラマ『フレンズ』で、出産を控えたレイチェルという女性が、仲間たちに "I just want to take a moment and thank you guys for how great you've been during this time." と言った後に、"I really couldn't have done it without you." という仮定法の文を加えた場面も、これと同じ展開です。

EX. 時事英語での使用例

King's murder set off a wave of rioting that benefited Nixon's law-and-order rhetoric. With no assassination, there <u>might have been</u> no President Nixon. (*The Economist*)

キング牧師が殺害されたことで、ニクソンの「法と秩序」に関する巧言に有利となる暴動の波が押し寄せた。暗殺されていなければ、ニクソン大統領は誕生しなかったかもしれない。

PHRASES

☐ **A struggle with B.**　A は B に苦労する

　It is hard for A to deal with B. や A finds it hard to deal with B. と似た意味を持っていると考えると使いやすくなります。I would have struggled with the checkout. は、It would have been hard for me to deal with the checkout. や I would have found it hard to deal with the checkout. の言いかえです。ちなみに「V するのに苦労する」の場合には、<u>struggle to V</u> を使います。難しい状況の中で必死になって V しようとする、つまり try hard to V に似た意味です。

EX. 時事英語での使用例

　Some analysts worry that the pandemic will usher in a harsher era in which such workers <u>struggle to find</u> jobs, (...) (*The Economist*)

　パンデミックによって、そのような労働者が仕事を見つけるのに苦労する厳しい時代がやってくると心配するアナリストもいる。

✎ 練習　　　　　　　**EXERCISE**

❶　次の文に仮定法の一文を続けて、内容を強調しましょう。

1．His laziness made it impossible for him to pass the exam.
2．The pandemic prevented him from embarking upon a new business.

（解答例）

1.　If he had studied harder, he <u>could have succeeded</u> in it.
2.　If it had not been for the coronavirus, it <u>might have taken</u> off by now.

❷　「struggle」を使って、次の日本語を英訳しましょう。

1．ヒデは宿題に苦労している。
2．日本は少子化で苦労している。
3．長女が生まれてから、ユウマは生計を立てるのに苦労している。

（解答例）

1.　Hide <u>is struggling with</u> his homework.
2.　Japan <u>is struggling with</u> its declining birthrate.
3.　Since the birth of his first daughter, Yuma <u>has been struggling to get</u> by.

「remind」の使い方

His kindness reminded me of the numerous people who had helped me in Japan.

親切にしてもらったことで、 日本でお世話になった数えきれないほど多くの人の姿が浮かんできた。

| よくある英作文 | He was kind to me, and I remembered the many people who had helped me in Japan.

これも make OC で書きかえられますか?

もちろん! そのうえで、 remind を使ってもう一工夫してみよう。

名詞のカタマリを S に、そして make OC を続ける次のステップを使います。

STEP 1 名詞のカタマリを作る。 …He was kind ⇒ His kindness

STEP 2 make OC を繋ぐ。
…S made me remember the many people who had helped me in Japan.

STEP 3 動詞の書きかえ。 (make A remember B ⇒ remind A of B)
…S <u>reminded</u> me <u>of</u> the many people who had helped me in Japan.

ここでも 「make」 に頼りすぎずに他の表現を使って書きかえる方法が活かされていますね。 また、エッセイの英文では many の代わりに、numerous という形容詞を使っています。

EX. 時事英語での使用例

The passing of famous golfer Arnold Palmer has <u>reminded</u> the world <u>of</u> a true trailblazer in sports business. (*BBC News*)

名ゴルファー、アーノルド・パーマー氏が亡くなったことで、世界中の人々がスポーツビジネスにおける真の先駆者を思い起こすことになった。

📄 COLUMN

The smell of the air on a rainy day somehow conjures up all sorts of memories in my mind. It was drizzling the other day, and when I stepped out onto the balcony, the smell of the damp air suddenly brought back the memory of a rain-soaked walk home after a high-school football match. Has anything like this ever reminded you of an otherwise long-forgotten experience?

雨の日の空気の匂いを嗅ぐと、なぜだかいろいろな記憶がよみがえってきます。先日霧雨が降っていたのですが、ベランダに出て湿った空気の匂いを嗅ぐと、高校時代のサッカーの試合の帰りに雨に濡れながら歩いた記憶が突然よみがえってきました。こんなふうに何かをきっかけに、長い間忘れていた経験を思い出したことはありますか?

 練習　　　　　　　　　　**EXERCISE**

「remind」を使って、次の日本語を英訳しましょう。

1. タケシは私の兄に似ている。
2. 彼女からもらった手紙を読んで自分の高校時代を思い出した。
3. その写真を見て私は故郷のことを思い出した。

(解答例)

1. Takeshi <u>reminds</u> me <u>of</u> my brother.
2. Her letter <u>reminded</u> me <u>of</u> my high school days.
3. That photo <u>reminded</u> me <u>of</u> my hometown.

強調構文を使ってみる

It is these chance meetings that have enriched my life.

このような人達に偶然出会ってきたからこそ、 私の人生は充実したものになったのだ。

| よくある英作文 | Thanks to these chance meetings, my life has been richer.

These chance meetings を S にして make OC を続けられますね。

そのように書きかえた文を、さらに強調構文にしてみよう。

よくある英作文を、まず以下のステップで書きかえてみましょう。

STEP 1 Thanks to を取って残りの These chance meetings を S にする。
STEP 2 make OC を繋ぐ。
　　　　…S have made my life richer.
STEP 3 動詞の書きかえ。(make~ richer ⇒ enrich~)
　　　　…S have enriched my life.

この3ステップを経て、these chance meetings を It is と that の間に挟んで、「このような人達に偶然出会ってきたからこそ」という意味になるように強調します。これで、It is <u>these chance meetings</u> that have enriched my life. という文が完成します。強調されるのは名詞や副詞（のカタマリ）です。

EX. 時事英語での使用例

(...) <u>it is</u> only recently <u>that</u> the fat footballer has become an endangered species. (*The Guardian*)

太ったサッカー選手が絶滅危惧種になったのは、 つい最近のことなのだ。

 COLUMN

More than thirty-five years have elapsed since my first encounter with the English language as a junior high school freshman in Japan. It is this lingua franca that has made many wonderful meetings possible, including one with Professor James M. Vardaman, whom I came to know fourteen years ago through my translation of his book, *Barack Obama and the Victory Speech.*

日本で中学一年生だった私が初めて英語と出会ってから、 35 年あまりの歳月が流れました。 まさにこの世界の共通語のお陰で、 14 年前に 『オバマ勝利の演説』 の翻訳を通じて知り合ったジェームス・M・バーダマン教授を始めとする、 多くの素晴らしい方々と出会うことができたのです。

 練習　　　　　　　　**EXERCISE**

強調構文を使って下線部を際立たせましょう。

1. <u>Her love</u> enabled me to get through my ordeal.
2. I first met my current wife <u>fourteen years ago</u>.
3. Takeshi translated <u>this book</u> during his stay in Taipei.

(解答例)

1. It was <u>her love</u> that enabled me to get through my ordeal.
2. It was <u>fourteen years ago</u> that I first met my current wife.
3. It was <u>this book</u> that Takeshi translated during his stay in Taipei.

＊過去のことなので、 「was」 を使っています。

「go」をもっと使いこなす①

My heartfelt thanks go to all of them.

全ての人に心から感謝したい。

| よくある英作文 | I want to thank all of them from the bottom of my heart.

> よくある英作文と比較すると、go に秘密がありそうです。

　ここでの「go to~」は「～に与えられる、～のものとなる」という意味です。直訳すると「私の心からの感謝が全ての人に与えられる」という意味になります。「特に感謝したい」の場合には、Special thanks go to~. や Particular thanks go to~. になります。難しい単語だけでなく、簡単な単語の意外な意味にも注目しましょう！

EX. 時事英語での使用例

This year's award <u>went to</u> an economist from Princeton for his work on "consumption, poverty and welfare". (*The Economist*)

今年の賞は、消費、貧困、福祉に関する研究が評価されたプリンストン大学の経済学者に授与された。

練習

「go」を使って、次の日本語を英訳しましょう。

1. 芥川賞はスッタケが受賞すると思う。
2. 彼女の死後、その家は息子のものになった。

(解答例) 1. I think the Akutagawa Prize will <u>go to</u> Suttake.

2. The house <u>went to</u> her son after her death.

Basic Level #2

Japanese Food

それでは2つ目のエッセイを見ていきましょう。
Chapter 1と同様に、和文英訳が必要な人は、日
本語訳を自分なりの英語に訳してから読むように
してください。すでにお伝えしたように、Chapter
1とChapter 2で学習したテクニックが基盤とな
って、Chapter 3以降のハイレベルな英文ライ
ティングに対応できるようになります。大事なテ
クニックを一緒に学んでいきましょう。それでは
Chapter 2のスタートです！

Japanese Food

When I settled in Japan, a small neighborhood eatery ❶helped me learn a new food culture. The shop❷, which served reasonably priced set meals, was patronized by college students and other hungry youths like me. ❸My shoestring budget made it difficult to be particular about what was served ❹, which left me no choice but to finish every dish on the tray that came to my table.

❺Most of the ingredients in the dishes were at first hard to recognize, but my voracious appetite ❻enabled me to learn quickly. For example, *natto*❼, sticky fermented soybeans, initially looked ❽so unappetizing that I could not bring myself to eat it. Even some Japanese, especially those from the western part of the country, ❾see this regular breakfast staple as unpalatable. However, ❿mixing this polarizing food with soy sauce and Japanese mustard dramatically enhances the flavor. Now, my love for this pungent food has grown ⓫to the extent that I cannot start a day without it. ⓬Appearances are very deceptive indeed.

(167 words)

和食

　日本に住み始めた頃、近所の小さな食堂で、新しい食文化を学んだ。その店は手頃な値段の定食を出していたので、大学生や私のようなお腹を空かせた若者が常連客だった。予算が限られていて、出される料理にこだわっていられなかったので、テーブルに運ばれてきたお盆の上の料理は完食するより他なかった。

　最初は料理にどんな食材が入っているのかわかりにくいことが多かったが、私は食欲旺盛だったので、覚えも早かった。例えば、納豆は発酵したネバネバの大豆だが、最初はおいしそうには見えず、食べる気にならなかった。日本人でさえ、特に西日本の人の場合には、この朝食の定番の品が口に合わないと思うことがあるくらいだ。このように好き嫌いの分かれる納豆だが、醤油とからしを混ぜると、劇的においしくなる。今では、この強烈な食べ物が大好きになり、食べないと一日が始まらないほどだ。見た目は実に当てにならないものだ。

「help」を使いこなす

A small neighborhood eatery helped me learn a new food culture.

近所の小さな食堂で、新しい食文化を学んだ。

| よくある英作文 | At a small neighborhood eatery, I learned a new food culture.

> 「無生物主語 + help」も使えるようになりたいです。

> make OC に書きかえられれば、もう一工夫で「無生物主語 + help」など、いろいろな表現に書きかえられるよ。

　この場合も、S を工夫して「引き締まった文」にすることが大事です。ここでは前置詞の目的語を S にして、以下の 3 ステップで書きかえましょう。

STEP 1 名詞のカタマリを作る。（At を取る）

　　　…At a small neighborhood eatery ⇒ A small neighborhood eatery

STEP 2 make OC を繋ぐ。

　　　…made it easier for me to learn

STEP 3 動詞の書きかえ。（make it easier for~ to V ⇒ help~ (to) V）

　　　…helped me (to) learn

「help~ to V」は、make it easier for~ to V の言いかえです。

EX. 時事英語での使用例

　Even in remote places, smartphones <u>help</u> teenagers <u>discover</u> that they are not alone. (*The Economist*)

　遠隔地であっても、スマートフォンがあれば、10 代の子どもたちは自分が一人ではないことに気づけるのだ。

COLUMN

One of my great-uncles used to own a small diner just around the corner from my family home on the shore of Tokyo Bay. My hometown, a former fishing village, had few other eating places. The sight of him skillfully preparing one mouth-watering dish after another for his customers helped spark my interest in the art of cooking.

私の大叔父は、 東京湾岸にある私の実家のすぐ近くで、 小さな食堂を営んでいました。 かつて漁村だった私の故郷には、 他にほとんど食事処はありませんでした。 大叔父が手際よくおいしそうなものを次々にこしらえてお客さんに出す姿を見て、 料理への興味が高まったのです。

 練習　　　　　　　**EXERCISE**

「help」 を使って、 次の日本語を英訳しましょう。

1. この奨学金のお陰で、 私は修士号を取得することができた。
2. 鈴木ゼミナールで勉強したら、 TOEFL® で高得点が取れた。
3. このタブレットのお陰で、 簡単に動画が編集できる。
4. 適度な緊張感があると普段以上に集中できる。

(解答例)

1. This scholarship helped me (to) obtain a master's degree.
2. Suzuki Seminar helped me (to) achieve a high score on the TOEFL®.
3. This tablet helps me (to) edit videos with ease.
4. A moderate amount of pressure helps people (to) concentrate more than usual.

非制限用法の関係代名詞で理由を表す

The shop, which served reasonably priced set meals (...)

その店は手頃な値段の定食を出していたので（...）

| よくある英作文 | As it served reasonably priced set meals, the shop (...)

> 「〜ので」とあったら、As や Because を使いたくなりますが、ここでは「, which」を使っているんですね。

> ここで「, which」の使い方を確認しておこう。使いこなせるようになると表現の幅が広がるよ！

　先行詞に補足として情報を加える「, which」などの非制限用法の関係代名詞節は、理由も表すことができます。ここでも、**, which served** reasonably priced set meals というのが、<u>as it served</u> reasonably priced set meals の言いかえになっているのです。このように as や because などに頼りすぎない理由づけもできるようになりましょう。

EX. 時事英語での使用例

Even more impressive was North Macedonia, <u>which changed</u> its name to promote peace with its neighbour. (*The Economist*)

さらに印象的だったのは北マケドニアだ。隣国との平和を促すべく、国名を変更したからだ。

PHRASES

□ **A is patronized by B.** BはAの常連だ

patronize~ は「〜（という店）の常連客だ」という意味なので、「大学生がその店の常連客だった」を英語にすると、College students <u>patronized</u> the shop. になります。それを受動態にした The shop <u>was patronized by</u> college students. は、The shop <u>was popular among</u> college students. に似た意味を持ちます。

EX. 時事英語での使用例

Montmartre, the Capitol Hill bistro <u>patronized by</u> senators and justices, closes after almost 20 years. *(The Washington Post)*

上院議員や判事がひいきにしたキャピトルヒルのビストロ「モンマルトル」が、約20年の歴史に幕を下ろす。

✎ 練習　　　　**EXERCISE**

❶ 非制限用法の関係代名詞を使って、以下の英文を書きかえましょう。

1．I want to study at Waseda, as it ranks as one of Japan's elite private universities.

2．As he speaks five languages fluently, Mike works for a major trading company as an interpreter.

（解答例）

1.　I want to study at Waseda, <u>which ranks</u> as one of Japan's elite private universities.

2.　Mike, <u>who speaks</u> five languages fluently, works for a major trading company as an interpreter.

❷ 「patronize」を使って、次の日本語を英訳しましょう。

1．私は都内のブリティッシュパブの常連だ。

2．そのタイ料理屋には有名人が通っている。

（解答例）

1.　I <u>patronize</u> a British pub in Tokyo.

2.　That Thai restaurant <u>is patronized by</u> celebrities.

＊ patronize の代わりに、「よく訪れる」という意味の他動詞 frequent も使えます。

03

「名詞 + be 動詞 + 形容詞」の SVC を名詞のカタマリにする②

My shoestring budget made it difficult to be particular about what was served (...)

予算が限られていて、出される料理にこだわっていられなかった（ので ...）

| よくある英作文 | My budget was limited, so I could not be particular about what was served.

Chapter 1の POINT 09 で学んだテクニックを使おう。

SVC を名詞のカタマリにするテクニックを使います。このテクニックは、SVC の文で C にあたる形容詞を S の名詞に直接つけるというものでした。以下のステップを確認しましょう。

STEP 1 名詞のカタマリを作る。
…My budget was limited ⇒ My limited budget

STEP 2 make OC を繋ぐ。…My limited budget made it difficult~

My budget was limited の limited は、他に small、tight、shoestring のような形容詞に置き換えることもできます。shoestring に置き換えると、My shoestring budget made it difficult という表現が完成します。

EX. 時事英語での使用例

In Spain, for example, centralised wage bargaining and other protections for workers made it difficult for employers to sack permanent employees or cut their wages (these rules were recently eased). *(The Economist)*

例えばスペインでは、賃金交渉が一元化されるなどして労働者が保護されていたため、雇用主が正社員を解雇したり、賃金を削減したりしにくかった（このルールは最近緩和された）。

 **PHRASES**

□ **be particular about~**　　〜について好みがやかましい

　ここでの particular は、何かに関してなかなか満足してくれない、hard to please という意味です。particular の他に <u>fussy</u>、<u>finicky</u>、<u>picky</u> などのやや口語的な形容詞もあります。あわせて覚えておくと便利です。

EX. 時事英語での使用例

Although Italians <u>are</u> extremely <u>particular about</u> their native foods and drinks, they have proved susceptible to the convenience of vending machines (...) (*The Independent*)

イタリア人は自国の食べ物や飲み物に強いこだわりがあるが、自動販売機の便利さには弱いことがわかっている。

✏ 練習　　　　　**EXERCISE**

❶　以下の文を名詞のカタマリにしましょう。

1．This flower is beautiful.
2．My brother is trilingual.
3．These weapons are dangerous.

(解答例)
1.　This beautiful flower
2.　My trilingual brother
3.　These dangerous weapons

❷　「particular」を使って、次の日本語を英訳しましょう。

1．エリカはきれい好きである。
2．ユリは食べ物にうるさい。
3．ヒデは細かいところにまでこだわり抜く。

(解答例)
1.　Erika <u>is particular about</u> being clean.
2.　Yuri <u>is particular about</u> what she eats.
3.　Hide <u>is particular about</u> the smallest detail.

04

「, which」で結果を表す

, which left me no choice but to finish every dish on the tray that came to my table.

(... こだわっていられなかった) ので、 テーブルに運ばれてきたお盆の上の料理は完食するより他なかった。

| よくある英作文 | so I had to finish every dish on the tray that came to my table.

so SV の連発を防ぐために、 , which を使ってみよう!

　関係代名詞の非制限用法を使い、make OC を続けるテクニックです。, so と書きたくなったらこのテクニックを思い出しましょう。, and that という意味の非制限用法の関係代名詞 , which を使います。

STEP 1 , which の後に make OC を続ける。
STEP 2 make OC を類似表現に置きかえる。

　make OC の置きかえは、make it necessary for~ to V の代わりに leave~ no choice but to V (V する以外に選択肢を残さない) を使ってみましょう。これで、 , which left me no choice but to finish every dish~ の完成です。

EX. 文学での使用例

Each time he laughed, he would forget his train of thought and start in on another topic, which made it difficult for Effing to follow what he was saying. (Paul Auster, *Moon Palace*)

彼は笑うたびに、 何を考えていたのか忘れて別の話を始めるので、 エフィンはついていけなかった。

PHRASES

☐ **come**　運ばれる

　come はここでは「運ばれる」という意味で使われています。「運ばれる」というと、be brought や be delivered を思い浮かべるかもしれません。英語の場合、人でも物でも、自分のところに到達するものは、come を使って表現できるのです。arrive を使って every dish on the tray that arrived at my table. と表すこともできます。簡単に見える単語の意外な使い方を身につけると、こなれた英語が書けるようになりますよ！

EX. 文学での使用例

(...) because she didn't want to be disappointed, she was preparing herself to be disappointed, and therefore, when the happy news arrived at last, she wasn't happy so much as relieved. (Paul Auster, *4 3 2 1*)

がっかりするのが嫌で、 がっかりするのを覚悟していたので、 ようやく嬉しい知らせが届いても、 彼女は嬉しいというより、 安堵したのだった。

✎ 練習　　　**EXERCISE**

❶ 「, which」を使って書きかえましょう。

The coronavirus pandemic shows no sign of abating, so the tourism industry cannot make long-term plans.

(解答例)

The coronavirus pandemic shows no sign of abating, which prevents the tourism industry from making long-term plans.

❷ 「come」を使って次の日本語を英訳しましょう。

1. トマトは現在のペルーから伝わったと信じられている。
2. キリスト教は 1549 年に日本に伝わったと言われている。

(解答例)

1. Tomatoes are believed to have come from what is now Peru.
2. It is said that Christianity came to Japan in 1549.

「tough 構文」への書きかえ

Most of the ingredients in the dishes were at first hard to recognize, (...)

最初は料理にどんな食材が入っているのかわかりにくいことが多かった（が ...）

| よくある英作文 | At first I could not recognize most of the ingredients in the dishes.

> I を My にして書き始めるパターンではないですね。
> ここではどんなテクニックが使われているのでしょうか?

It is 形容詞 for~ to V. で書きかえて、to V の目的語を文頭に置きます。難易は It で始めることが多いですが、それ以外の表現方法も身につけましょう。

STEP 1　It is 形容詞 for~ to V. で書きかえる。…It was at first hard to recognize <u>most of the ingredients in the dishes</u>.

STEP 2　to V の目的語を文頭に置く。…<u>Most of the ingredients in the dishes</u> were at first hard to recognize.

at first は「最初のうちは」という意味です。

EX. 文学での使用例

His head was bent right down so as to be practically hidden from us behind him, but <u>whether this was due to bashfulness or sheer physical exertion</u> was hard to say. (Kazuo Ishiguro, *The Unconsoled*)

（重い荷物を持った）彼は、後ろにいる私たちからはほとんど見えないくらいに頭を深く下げていたのだが、それが照れ隠しのせいなのか、それともあまりに体が無理をしているせいなのか、定かではなかった。

COLUMN

My voracious appetite has enabled me to try a wide variety of foods in the nearly 30 countries and regions I have visited. However, there is one dish that no amount of courage will allow me to taste: stir-fried stink bugs served in some parts of Thailand as a local delicacy. The natives may say they taste good with a hint of cilantro. However, I am still traumatized by my childhood experience of the horrible stenches of those otherwise innocent-looking insects left all over my fingers, which would not come off despite my desperate attempt to wash them away. I would not dare to put those creatures anywhere near my mouth, the mere sight of which never fails to give me goosebumps.

食いしん坊の私は、これまでに訪れた 30 近い国や地域でいろいろな料理を試してきました。しかし、どれだけ勇気を振り絞っても食べられないものがあります。タイの一部で地元の名物として出されるカメムシの炒め物です。現地の人はパクチーの香りがしておいしいと言います。何の害もなさそうな虫ですが、子どもの頃に手が悪臭まみれになってしまい、必死になって洗っても落ちなかった経験が、今でもトラウマになっているのです。見るだけでいつも鳥肌が立つような生き物を口にする勇気は、私にはありません。

🖊 練習　　　　　　　　**EXERCISE**

次の文を不定詞の目的語（下線部）を主語にして書きかえましょう。
1. It is difficult to please <u>my father</u>.
2. It is hard to tell <u>when Hanako's anger will boil over</u>.
3. It is impossible to predict <u>how this pandemic will play out in the future</u>.

（解答例）
1. <u>My father</u> is difficult to please.
2. <u>When Hanako's anger will boil over</u> is hard to tell.
3. <u>How this pandemic will play out in the future</u> is impossible to predict.

「enable」の使い方②

My voracious appetite enabled me to learn quickly.

私は食欲旺盛だったので、覚えも早かった。

| よくある英作文 | I had a voracious appetite, so I was able to learn quickly.

 「できる」だから、「可能にする」の enable を使うんですね。

STEP1　Sを作る。…I had a voracious appetite ⇒ my voracious appetite

STEP2　make OC を繋ぐ。…made it possible for me to learn quickly.

STEP3　動詞の書きかえ。(made it possible for me to learn ⇒ enabled me to learn)

EX. 時事英語での使用例

American security has been the basis of Asian prosperity and an increasingly liberal order. It <u>enabled</u> Japan <u>to</u> rise from the ashes without alarming its neighbours.（*The Economist*）

（第二次世界大戦が終結して以来、）アメリカの安全保障は、アジアが繁栄し、自由主義的な秩序が整う基盤となってきた。そのお陰で日本は、近隣諸国に警戒心を抱かせることなく、焦土から立ち上がることができたのだ。

練習

「enable」を使って、次の日本語を英訳しましょう。
この革新的なスマホアプリのお陰で、多くの学生が聴解力を高めることができるだろう。

(解答例) This innovative smartphone application will <u>enable</u> many students <u>to</u> improve their listening comprehension skills.

POINT 07

同格のカンマの使い方①

Natto, sticky fermented soybeans, (...)

納豆は発酵したネバネバの大豆だ（が…）

| よくある英作文 |　*Natto* is sticky fermented soybeans, (...)

 なるほど、be 動詞を減らすためのテクニックですね。

be 動詞を使った「S + be 動詞 + 名詞」の場合、be 動詞の代わりにカンマで繋ぐだけで、名詞のカタマリが作れます。引き締まった英文を書くための方法です。

EX. 文学での使用例

From her place in the store, <u>Klara, an Artificial Friend with outstanding observational qualities</u>, watches carefully the behavior of those who come in to browse, and of those who pass in the street outside. (Kazuo Ishiguro, *Klara and the Sun*)

店の中の定位置から、観察力に優れた「人工親友」のクララは、来店して商品を見て回る人達や、外の通りを行き交う人達の行動を、注意深く見守るのだ。

練習

次の英文を、同格のカンマを使って名詞のカタマリにしましょう。

1. Kenji is a graduate student in Canada.
2. Jim is a long-time resident of Japan.

解答例　1. Kenji, a graduate student in Canada
2. Jim, a long-time resident of Japan

「so that 構文」の使い方

It initially looked so unappetizing that I could not bring myself to eat it.

最初はおいしそうには見えず、食べる気にならなかった。

| よくある英作文 | It initially looked unappetizing, so I didn't want to eat it.
＊ unappetizing：食欲をそそらない

SV, so SV. の連発を防ぐ方法は、これまで教えてもらった
もの以外にもありますか？

同じ表現にならない工夫が大事だね!
次は、いわゆる「so that 構文」を使う方法を学習しよう。

　so を文の前半の形容詞や副詞の前につけて、that SV で繋ぎましょう。so と that の間に unappetizing という形容詞を挟むだけで完成です。did not look tasty のように not を使うのではなく、looked unappetizing のように「un」で始まる形容詞を使うと、フォーマルな響きになります。

EX. 時事英語での使用例

Overwhelmed by a compulsion and driven by anger, I messaged his friends and slated him on social media so much that he threatened legal action. (*The Guardian*)

強迫観念にとらわれ、怒りに駆られた私は、彼の友人にメッセージを送ったり、SNS で彼を中傷したりしすぎたため、法的措置をとると脅されるほどだった。

PHRASES

☐ **cannot bring oneself to V**　どうしても V する気になれない

　bring oneself to V は「やりたくないことを無理やり自分に強いる」という意味です。cannot bring oneself to V にすると、「どうしても V する気になれない」という意味になります。

EX. 文学での使用例

The more I thought about it, the more frightened I got, and I <u>couldn't bring myself to go</u> to school. My mom explained the situation to my teacher, and even though I had way too many absences, they made an exception for me and let me graduate. (Murakami Haruki, *First Person Singular*)

考えれば考えるほど自分のことが怖くなって、 学校に行けなくなったんや。 で、 母親がぼくの置かれた特殊な事情を教師に説明して、 出席日数はかなり不足していたけど、 学校はなんとか特例を適用して卒業を認めてくれた。

✎ 練習　　　　　　　**EXERCISE**

❶ 「so that 構文」を使って、次の英文を書きかえましょう。
1．Tomo loves his daughter very much, so he will do anything for her.
2．She was able to finish her work early, so she did not have to work the next day.

(解答例)
1.　Tomo loves his daughter <u>so</u> much <u>that</u> he will do anything for her.
2.　She was able to finish her work <u>so</u> early <u>that</u> she did not have to work the next day.

❷ 次の日本語を英訳しましょう。
1．私はその古いパソコンを捨てる気になれなかった。
2．彼は新しい家を買う気にはなれなかった。

(解答例)
1.　I <u>could not bring myself to throw</u> away that old computer.
2.　He <u>could not bring himself to buy</u> a new house.

09

「see A as B」の使い方

Even some Japanese, especially those from the western part of the country, see this regular breakfast staple as unpalatable.

日本人でさえ、 特に西日本の人の場合には、 この朝食の定番の品が口に合わないと思うことがあるくらいだ。

| よくある英作文 | Even some Japanese think this regular breakfast staple is unpalatable.

＊unplalatable：口に合わない

think SVC も使いがちなので、 連発を防ぎたいです。

　see A as B、regard A as B、think of A as B などを使うと、think SVC の連発を防げます。B には名詞、形容詞、分詞などが入ります。

EX. 文学での使用例

If we <u>regard</u> him today <u>as</u> an important figure, it is not because he managed to discover a solution, but because he was able to state the problems with such clarity. (Paul Auster, "Dada Bones" *The Art of Hunger*)

もし今日、彼を重要人物とみなすとするならば、それは解決策を発見できたからではなく、問題を非常に明確に述べることができたからである。

練習

「see」か「regard」を使って、次の英文を書きかえましょう。

1. Many think Ohtani Shohei is the world's greatest baseball player.

2. Some think Yuma is one of Japan's most competent teachers.

（解答例） 1. Many <u>regard</u> Ohtani Shohei <u>as</u> the world's greatest baseball player.
2. Some <u>see</u> Yuma <u>as</u> one of Japan's most competent teachers.

10

「If SV, SV.」の連発を避ける①

However, mixing this polarizing food with soy sauce and Japanese mustard dramatically enhances the flavor.

（納豆は）このように好き嫌いの分かれる食べ物だが、醤油とからしを混ぜると、劇的においしくなる。

| よくある英作文 | If you mix this polarizing food with soy sauce and Japanese mustard, then the flavor becomes dramatically better.
(polarizing = 大きく意見が分かれる)

If SV, SV. を連発しないように動名詞を使って書きかえよう。

STEP 1　If SV の V を動名詞にする。…if you mix ⇒ mixing

STEP 2　make OC を繋ぐ。…mixing this polarizing food with soy sauce and Japanese mustard makes the flavor dramatically better.

STEP 3　動詞の書きかえ。(makes~ better ⇒ improves~ や enhances~)

EX. 時事英語での使用例

<u>Being</u> big <u>makes</u> it hard to avoid attention, whether from the markets or from regulators. (*The Economist*)

規模が大きくなると、市場や規制当局から注目されやすくなる。

次の英文を、動名詞を S にして書きかえましょう。

1. If you speak English, you can talk with many people.

2. If you read this book, you will pass the exam more easily.

練習

（解答例）　1. <u>Speaking</u> English <u>enables</u> you to talk with many people.

2. <u>Reading</u> this book will <u>help</u> you (to) pass the exam easily.

「so that 構文」の書きかえ

Now, my love for this pungent food has grown to the extent that I cannot start a day without it.

今では、この強烈な食べ物が大好きになり、食べないと一日が始まらないほどだ。

| よくある英作文 | My love for this pungent food has grown so much that I cannot start a day without it.

* pungent：味覚や嗅覚を刺激する

学習済みの so that 構文の書きかえ方が知りたいです。

「S が V するほど」という意味のフォーマルな表現、to such an extent that SV や to the extent that SV を使うと良いでしょう。強調の表現をたくさん覚えておくと、エッセイライティングではとても便利です。

EX. 時事英語での使用例

The European continent is in crisis because Vladimir Putin has chipped away at Ukraine's sovereignty <u>to the extent that</u> today he denies its territorial integrity and its right to exist. (*The Economist*)

欧州大陸が危機に瀕しているのは、ウラジーミル・プーチンがウクライナの主権を削り取り、今や同国の領土の保全と存続権を否定するまでに至ったからである。

練習

「to the extent that SV」を使って、次の英文を書きかえましょう。

Those unreasonable orders from his supervisor upset him so much that he resigned on the spot.

（解答例）Those unreasonable orders from his supervisor upset him <u>to the extent that</u> he resigned on the spot.

POINT
12

決まり文句を活用して説得力を持たせる

Appearances are very deceptive indeed.

見た目は実に当てにならないものだ。

日本語でも決まり文句で自分の主張を表現することがあるけれど、英語でも同じことができるよ。

　このエッセイの最後で「外見は当てにならない」という意味のことわざの Appearances are deceptive. を使って、「納豆は、見た目はグロテスクだが味は良い」という内容を簡潔に表現してインパクトを与えています。似たような意味を持つ表現に、「見た目で中身を判断してはならない」という意味の、You cannot judge a book by its cover. があります。

　ちなみに <u>indeed</u> は前の very を強める役割です。Thank you very much. を強めると、Thank you very much indeed. になります。イギリス的な表現です。

EX. 時事英語での使用例

(...) <u>appearances are</u> somewhat <u>deceptive</u>; a closer look reveals similarities between China's economic policy response and those of other countries. (*The Economist*)

見た目はいささか当てにならない。よく見てみれば、中国の経済政策対応には他国のものと類似点があることがわかる。

練習

You are what you (　). の空所に任意の動詞を入れて、「人は〜でできている」という意味の英文を完成させましょう。

（解答例）You are what you <u>eat</u>. You are what you <u>read</u>. You are what you <u>love</u>.

Advanced Level #1

The Civil Rights Movement

ここからは Chapter 2 までのエッセイよりもレベルの高いものを扱っていきます。レベルの高いものを扱うとはいっても、ベースになるこれまで学習した内容を理解していれば、恐れるものは何もありません。Chapter 2 までに学習したテクニックにさらに磨きをかけて、さらなる高みを目指していきましょう。英文を熟読してみて、どんなところにライティングのためのヒントが隠されているのかを考えてみましょう。和文英訳の練習をしたい上級者の方は、前の Chapter と同様に日本語を英訳してから読み進めていくのも良いでしょう。それでは始めましょう！

The Civil Rights Movement

My campus life in Memphis ❶coincided with the last years of the civil rights movement. This southern city ❷gave me first-hand experience of African American history and my relatives' involvement in it.

In Mississippi, just south of Memphis, Blacks emancipated from slavery after the Civil War ❸found themselves working on the farms of their former masters as sharecroppers. Blacks were forced to work for white people, and ❹those who disobeyed were arrested for "vagrancy." ❺The Mississippi state government then leased those "convicts" to white landowners❻, an infamous system described as "worse than slavery."

❼As governor of that state from 1904 to 1908, my great-grandfather ❽contributed to the establishment of an equally inhumane system❾: a huge penal farm called Parchman Prison❿, where Black prisoners were compelled to work without pay. Their forced labor ⓫provided revenue for the state government. ⓬Although not a member of the Ku Klux Klan (KKK) himself, he clearly stated his ⓭belief in white supremacy. He believed that ⓮educating Black children would ruin useful future farm laborers.

公民権運動

　私がメンフィスで大学生だった時代は、公民権運動の末期にあたる。この南部の町に暮らし、私はアフリカ系アメリカ人の歴史と自分の親族との関わりを、肌で感じたのだった。

　メンフィスの少し南にあるミシシッピでは、南北戦争後に奴隷制度から解放された黒人が、いつの間にか昔の主人の農場で小作人として働いていた。黒人は白人のために働くことを強いられ、従わない者は「浮浪者」として逮捕された。そしてミシシッピ州政府が、その「囚人」を白人の地主に貸し出したのだ。「奴隷制度より酷い」と言われる悪名高い制度だった。

　1904年から1908年まで州知事を務めた際に、私の曽祖父はそれに負けず劣らず非人道的な制度を設立するのに加担した。それはパーチマン刑務所という巨大な囚人農場で、そこでは囚人となった黒人が無報酬で働くことを余儀なくされたのである。強制労働させることで、州政府が収入を得たのだ。曽祖父自身はクー・クラックス・クラン（KKK）の一員ではなかったが、白人は黒人よりも優れていると信じていると明言した。黒人の子どもたちを教育すれば、将来、農場労働者として使えなくなってしまうと考えていたのだ。

My freshman year ⑮saw me go to Sunday services across the street from the campus. The civil rights movement ⑯caused that church to decide to ban Black people from attending its worship services. Members of the congregation formed a human chain around the church, ⑰keeping Black folks out. This despicable act ⑱discouraged me from setting foot there again.

One Sunday, I attended a worship service at a Black church, where my participation in the prayers ⑲kept me wondering what the regular members thought about the ⑳presence of a white newcomer. At the end of the service, one of the church's elders ㉑came up to me, saying, "Welcome to our church. It's a pleasure to have you join us today." His generosity, which ㉒stood in stark contrast to the intolerance of ㉓my former church, deeply moved me.

As our conversation progressed, I introduced myself with foreboding, ㉔knowing the atrocities committed by my namesake. ㉕My unusual surname made it easy for anyone to see my kinship with James Kimble Vardaman, a politician notorious as a white supremacist. However, the elder ㉖called my great-grandfather "a great man." With no hint of sarcasm in his voice, those words ㉗came from his genuine compassion. ㉘Despite his painful experiences at the hands of my forefathers and many other white supremacists, his magnanimity ㉙allowed him to extend a warm welcome to a young white man who had by chance come to his church.

(405 words)

大学一年生の頃、私はキャンパスの向かいの日曜礼拝に足を運んだ。公民権運動で、その教会は黒人が礼拝に出席するのを禁止することを決めた。信徒は教会の周りに人間の鎖を作り、黒人を締め出したのである。このような卑劣な行為に出たため、その教会に再び足を踏み入れる気が失せてしまった。

　ある日曜日、私は黒人教会の礼拝に行ったのだが、そこで祈りに参加している間、ずっと考えていた。新参者の白人がいることを、いつも通っている人達はどう思っているのだろうかと。礼拝が終わると、教会の長老の一人が近づいてきて、「私たちの教会へようこそ。今日、出席してもらったことを嬉しく思います。」という言葉をかけてくれた。彼が寛大に接してくれたのは、以前通っていた教会が不寛容だったのとは大違いで、深く感動したのだった。

　会話が進み、自己紹介をしたのだが、嫌な予感がした。自分と同姓同名の曽祖父が働いた残虐行為を知っていたからだ。私の苗字は珍しく、白人至上主義者として有名な政治家、ジェームス・キンブル・バーダマンの親族であることは、誰の目にも明らかだった。しかしその長老は、曽祖父のことを「偉大な人物」だったと言った。声に何の嫌味もなく、純粋に思いやりの気持ちから発してくれた言葉だった。私の先祖を始めとする多くの白人至上主義者のせいで辛い経験をしてきたにもかかわらず、寛大な心で、偶然教会に足を運んだ白人青年を温かく迎え入れてくれたのだ。

＊固有の文化を持つアフリカ系アメリカ人に敬意を表して、英語圏の大手メディアでは、Black の B を大文字にするのが最近では標準的になっています。その考えを尊重し、本書でもこの表記を用いています。

「coincide」の使い方

My campus life in Memphis coincided with the last years of the civil rights movement.

私がメンフィスで大学生だった時代は、公民権運動の末期にあたる。

| よくある英作文 | When I was a college student in Memphis, the civil rights movement was in its last years.

> When SV, SV. も連発しがちな表現ですね。

> 連発しがちだと思えれば、書きかえ表現のストックを増やすだけでアウトプットの質が変わってくるよ。

今回のように2つの SV の時期が重なる場合、A and B happen at the same time.（AとBが重なる）という意味の A coincides with B. が使えます。この形になるように、以下の通り書きかえて、AとBを作りましょう。

STEP 1 I was a college student in Memphis ⇒ My college years in Memphis

STEP 2 the civil rights movement was in its last years ⇒ the last years of the civil rights movement

My college years in Memphis は My campus life in Memphis でも OK です。

EX. 時事英語での使用例

The disappearance of Neanderthals <u>coincided with</u> the arrival of *Homo sapiens* in their range (...) *(The Economist)*

ネアンデルタール人が姿を消したのは、その生息域にホモ・サピエンスが到来したのと時期を同じくする。

COLUMN

My senior year of college coincided with the period when the collapse of the bubble economy was casting dark clouds over the Japanese archipelago. The media was filled with stories about the precarious future of this country as Yamaichi Securities and other major companies went bankrupt, shattering to pieces the myth that employment in a well-known firm would guarantee a stable life. I did not seek work upon graduation from university, and instead decided to pursue postgraduate studies in the UK. That overseas experience has laid the groundwork for my career as a translator, helping me lead a fulfilling life.

私が大学 4 年の頃は、 バブル経済が崩壊して日本列島に暗雲が垂れ込めていた時代です。 山一證券を始めとする大企業が倒産し、 「有名企業に就職すれば人生は安泰」 という神話が跡形もなく崩壊し、 この国の将来を危惧する報道がマスコミを賑わせていました。 私は大学を卒業すると、 就職をせず、 イギリスの大学院に進学することにしたのです。 その海外での経験が翻訳者としてのキャリアの土台となり、 充実した人生を送れるようになりました。

 練習 **EXERCISE**

「coincide with」 を使って、 次の英文を書きかえましょう。

1. Junko got married when I returned to Japan.
2. The Olympic Games took place during the coronavirus pandemic.

(解答例)

1. Junko's marriage <u>coincided with</u> my return to Japan.
2. The Olympic Games <u>coincided with</u> the coronavirus pandemic.

「無生物主語 ＋ give」の使い方

This southern city gave me first-hand experience of African American history and my relatives' involvement in it.

この南部の町に暮らし、私はアフリカ系アメリカ人の歴史と自分の親族との関わりを、肌で感じたのだった。

| よくある英作文 | By living in this southern city, I experienced first-hand African American history and my relatives' involvement in it.

By V-ing も結構頻繁に使ってしまいます。

By をとって後ろの動名詞 (living) を S にする方法が使えます。さらに living in を取って、this southern city を直接 S にすることもできます。その後は、いつものステップで This southern city made it possible for me to experience ⇒ This southern city enabled me to experience と書きかえてみましょう。

さらに give を使って書きかえる方法もあります。「この町が直接経験することを可能にしてくれた」を「この町に暮らすことが直接的な経験を与えてくれた」と考えて、gave me first-hand experience にすれば完成です。

EX. 時事英語での使用例

The visit to Djibouti has given me first-hand experience of the conditions of women and children in the country, (UNICEF)

ジブチを訪問したことで、女性や子どもたちが置かれている状況を肌で感じられた。

「give」を使って、次の日本語を英訳しましょう。

練習 バンコクに滞在して、本場のタイ料理を直接体験することができた。

解答例 My stay in Bangkok gave me first-hand experience of authentic Thai food.

POINT

03

「find oneself~」の使い方

> **Blacks emancipated from slavery after the Civil War found themselves working on the farms of their former masters as sharecroppers.**
>
> 南北戦争後に奴隷制度から解放された黒人が、いつの間にか昔の主人の農場で小作人として働いていた。

> find oneself~ という表現が気になります！

find oneself~ は、「気がつくと自分が〜の状態にいる」という意味の表現です。「いつの間にか」を before they knew it や without realizing it という副詞節や副詞句を使って英語にしたくなりますが、ここでは find oneself~ が使われています。ネガティブな内容がくることの多い「~」の部分には、V-ing 以外にも、前置詞句、形容詞、過去分詞を入れることができます。

村上春樹の小説『ねじまき鳥クロニクル』の英語版にも、"After the light faded, I found myself in an even deeper darkness than before." という一節があります。

EX. 時事英語での使用例

In trying to reform the electoral law, Parliament <u>found itself in</u> a constitutional Catch-22. (*The New York Times*)

選挙法を改正しようとして、国会はいつのまにか憲法上のジレンマに陥ることになった。

練習

「find」を使って、次の日本語を英訳しましょう。

いつの間にかスマホ中毒になってしまう人が多い。

（解答例）Many people <u>find themselves</u> addicted to their smartphones.

「those who」の使い方

Blacks were forced to work for white people, and those who disobeyed were arrested for "vagrancy."

黒人は白人のために働くことを強いられ、従わない者は「浮浪者」として逮捕された。

| よくある英作文 | Black <u>people</u> were forced to work for white <u>people</u>, and Black <u>people</u> who disobeyed were arrested for "vagrancy."

people の連発を防ぐ方法はありますか?

　よくある英作文では、people が3回使われています。英文には同じ単語の繰り返しを避けるための工夫が施されていることが多いのですが、上の英文も例外ではありません。Black people、white people、Black people のように people を3連発するのではなく、それぞれ Blacks、white people、those who という形で表現しています。特に3つ目の those who は、「people を連発したくなったらとりあえず those who を使ってみる」と覚えておくと便利です。

EX. 時事英語での使用例

　<u>Those who</u> read own the world. *(The New Yorker)*
　世界は読書する人達のものだ。

　「people」を使わずに次の英文を書きかえましょう。

練習　Pepople in Tokyo rarely interact with people who live in rural areas.

（解答例） <u>Tokyoites</u> rarely interact with <u>those who</u> live in rural areas.

＊ Londoners や New Yorkers のように、東京に暮らす人たちのことを Tokyoites と呼ぶことができます。

「the」の付け忘れを防ぐ

The Mississippi state government then leased those "convicts" to white landowners.

そしてミシシッピ州政府が、その「囚人」を白人の地主に貸し出した。

> Mississippi state government ではダメなんですね。

　地味なポイントですが、「ミシシッピ州政府」を Mississippi state government にしてしまう人が多いところです。正しくは <u>the</u> Mississippi state government と書きます。このように定冠詞を忘れてしまいがちな人は、所有格を使って Mississippi's state government にする方法があります。

　ただし、自分のものになっていない場合は所有格をつけないようにしてください。例えば「恋人が欲しい」や「仕事を探している」という内容を英語にする場合、自分のものになっていないので、my girlfriend や my job にすることはできません。それぞれ不定冠詞を付けて、I want a girlfriend. や I am looking for a job. にする必要があります。

EX. 時事英語での使用例

<u>Japan's government</u> is pressing businesses to appoint more women to their boards. (*The Economist*)
日本政府は、役員にもっと女性を登用するよう企業に圧力をかけている。

練習　次の日本語の内容を、所有格を使って英語にしましょう。
1．タイの首都　　2．現在の自然環境

(解答例) 1. Thailand's capital　　2. Today's natural environment

同格のカンマの役割

(...), an infamous system described as "worse than slavery."

（それは）「奴隷制度より酷い」と言われる悪名高い制度であった。

| よくある英作文 | That was an infamous system described as "worse than slavery."

 カンマをうまく使えるようになりたいです！

そうだね。地味だけど便利な同格のカンマをマスターしよう。

<u>That was</u> an infamous system described as "worse than slavery." の That は、前の節の内容を指しているので、<u>, which is</u> an infamous system described as "worse than slavery." にして繋げます。さらに「which is」を省略して、, an infamous system described as "worse than slavery." にすることもできるのです。このカンマは、「前の文＝後の名詞のカタマリ」というサインになっています。英語ではこのような be 動詞を減らす工夫が随所に施されているのです。

EX. 時事英語での使用例

On April 29th the central bank lowered its key interest rate from 17% to 14%, <u>a sign</u> that a financial panic which began in February has eased slightly. (*The Economist*)

4 月 29 日、中央銀行は主要金利を 17% から 14% に引き下げ、2 月に始まった金融パニックが若干緩和されたことを示している。

PHRASES

☐ **describe A as B**　（「A を B と呼ぶ」という意味の）call AB の仲間

「奴隷制度より酷いと言われる、悪名高い制度」は、an infamous system (that is) said to be worse than slavery のように英訳しがちです。

「A を B と呼ぶ」という意味の describe A as B や refer to A as B を受動態にした A is described as B. や A is referred to as B. は、この A is said to be B. や A is called B. に似た意味を持つ表現です。a notorious system (that is) said to be worse than slavery であれば、a notorious system (that is) described as worse than slavery にできます。B に入るのは、名詞、形容詞、現在分詞です。

EX. 時事英語での使用例

The Taiwan Strait is often described as a possible flashpoint. Across this narrow body of water, China points thousands of missiles at the country it regards as a rogue province. (*The Economist*)

台湾海峡は、 紛争の火種になる可能性があると言われることが多い。 この海峡の向こうでは、 中国がならず者の省と呼ぶ国（台湾）に、 何千発ものミサイルを向けている。

/ 練習　　　　　　　**EXERCISE**

❶ 「, 」を使って、次の英文を書きかえましょう。

Nakamura Shunsuke scored two free kicks against Manchester United. That is an astonishing feat that will go down for generations to come.

（解答例）

Nakamura Shunsuke scored two free kicks against Manchester United, an astonishing feat that will go down for generations to come.

❷ 「describe」を使って次の日本語を英訳しましょう。

１. 英語はよく世界の共通語と言われる。

２. この本は彼の最高傑作だと言われている。

（解答例）

1.　English is often described as the world's lingua franca.

2.　This book is described as his best work.

「〜として」だけではない前置詞の「as」

As governor of that state from 1904 to 1908, my great-grandfather (…)

1904 年から 1908 年まで州知事を務めた際に、私の曽祖父は（…）

| よくある英作文 | When he was governor of that state from 1904 to 1908, my great-grandfather (…)

> 接続詞 SV~ を多用してしまうので、When he was governor を書きかえる方法を知りたいです。

> As + 名詞を使うと、すっきりとした表現になるよ。

　「〜だった時」という意味の As + 名詞を使って、2 ステップで書きかえます。

　まず、as の後ろの名詞が、後ろの文の S とイコールになっているかどうか確認しましょう。ここでは、governor of that state = my great-grandfather の関係が成立するかをチェックすることになります。成立することを確認したら、When S was 名詞を As + 名詞に書きかえます。

STEP 1　governor of that state ＝ my great-grandfather が成立する。

STEP 2　When he was governor ⇒ As governor

　SVC や SVOC の C になる名詞の場合と同様に、As + 名詞の場合にも、組織内で唯一の役職には the がついていません。

<u>As chairman</u>, he was involved in the company's purchase of the New York Mets in 1980. *(The New York Times)*

会長時代、彼は 1980 年のニューヨーク・メッツの買収に携わった。

 COLUMN

The year 1993 saw Japan's national football team concede a last-minute goal in the final Asian qualifying match in Doha, the capital city of Qatar, narrowly missing out on its first-ever FIFA World Cup berth—a humiliating loss known in Japan as the "Agony of Doha." Nearly 30 years later, the 2022 Japanese squad pulled off a giant-killer in the world's largest sporting event in the same Middle Eastern city, defeating Germany, one of the favorites to win the tournament. The Samurai Blue came from behind to beat the four-time world champion, turning what could have been yet another agony into the "Miracle of Doha." History did not repeat itself.

1993 年、サッカー日本代表は、カタールの首都ドーハで行われたアジア予選最終戦で試合終了間際に失点を喫し、惜しくも FIFA ワールドカップ初出場を逃しました。日本で「ドーハの悲劇」と呼ばれる屈辱的な敗戦です。それから約 30 年後の 2022 年、中東の同じ町で開催された世界最大のスポーツイベントで、日本は優勝候補の一角のドイツを破るという大番狂わせを演じました。サムライブルーが 4 度の世界制覇を誇る強豪を相手に逆転勝利を収め、「ドーハの悲劇」ならぬ「ドーハの奇跡」を起こしてみせたのです。歴史は繰り返しませんでした。

練習 **EXERCISE**

「as ＋ 名詞」を使って、次の英文を書きかえましょう。

1. When he was a university student, my brother majored in French.
2. I first went to the UK when I was a college sophomore.
3. When he was US President, Barack Obama visited Hiroshima.

（解答例）

1. <u>As a university student</u>, my brother majored in French.
2. I first went to the UK <u>as a college sophomore</u>.
3. <u>As US President</u>, Barack Obama visited Hiroshima.

「contribute」を使いこなす

My great-grandfather contributed to the establishment of an equally inhumane system.

私の曽祖父はそれに負けず劣らず非人道的な制度を設立するのに加担した。

| よくある英作文 | My great-grandfather helped (to) establish an equally inhumane system.

make it possible for~ to V を enable~ to V にしたように、help~ to V を書きかえる方法が知りたいです。

ここでは、contributed to を使っているね。書きかえのバリエーションをたくさん増やしていこう。

contribute to 名詞は、help (to) V と似た意味になります。ただし contribute to の to は前置詞なので後ろには名詞が入ります。また contribute to は「〜の一因となる」という意味で、ネガティブな内容にも使えます。

STEP 1 helped (to) establish an equally inhumane system.
⇒ contributed to establishing an equally inhumane system.
STEP 2 名詞のカタマリを作る。
… establishing an equally inhumane system ⇒ the establishment of an equally inhumane system

EX. 時事英語での使用例

Harris suggested that the general election had <u>contributed to</u> the market getting off to something of a slow start this year, which meant many were behind on targets. (*The Guardian*)

ハリスによれば、総選挙の影響で、今年の市場は少々出足が鈍く、多くが目標に対して後れを取ったとのことだ。

📄 COLUMN

We do not live in an ideal world without racism. This is no exception in Japan, where I have seen some people spewing heartless words at those from other countries. My own overseas experiences of being ridiculed with foul language make me want to treat with compassion people from different parts of the world who have chosen to live in this Far-Eastern nation, making a significant contribution to a better future for us. Do not do unto others what you would not have done unto you.

　私たちは、人種差別のない理想郷に暮らしてはいません。日本も例外ではなく、他国から来た人に心ない言葉を吐く人の姿も見てきました。私自身にも海外で汚い言葉で揶揄された経験があるので、この極東の国に住むことを選択し、より良い未来のために大きな貢献をしてくれている様々な国の人達に、思いやりをもって接したいと思っているのです。己の欲せざるところは人に施すことなかれ。

 練習　　　　　　　**EXERCISE**

「contribute to」を使って、次の英文を書きかえましょう。

1. Taro helped found this prestigious university.
2. Smartphone use has been one of the causes of an increase in traffic accidents.
3. Takeshi's sloppiness is partly responsible for the failure of this project.

（解答例）

1. Taro <u>contributed to</u> the foundation of this prestigious university.
2. Smartphone use has <u>contributed to</u> an increase in traffic accidents.
3. Takeshi's sloppiness has <u>contributed to</u> the failure of this project.

コロンの役割

: a huge penal farm called Parchman Prison

パーチマン刑務所という巨大な囚人農場

| よくある英作文 | He built a huge penal farm called Parchman Prison.

コロンってよく見かけるけど、自分ではあまり使えないです。

使えるようになると、読み手に優しい英文になるよ。

　コロンは、前で大まかに述べた事柄を後ろで詳しく述べる時に使います。「曽祖父が設立した非人道的な制度」と聞くと、「どんな非人道的な制度？」という疑問が湧きます。その疑問に答える、「パーチマン刑務所という巨大な囚人農場で、囚人となった黒人が無報酬で働くことを余儀なくされた」という内容が、コロンの後ろに書かれるのです。後ろには名詞や名詞のカタマリも置けるので、He built a huge penal farm という文でなく a huge penal farm だけでも大丈夫です。

EX. 時事英語での使用例

Establishing serious talks (...) will require the UN and other international players to achieve something that has previously proved impossible: extracting major concessions from the Houthis over Taiz.

(*Foreign Affairs*)

本格的な協議を成立させるには、 以前は不可能だったことを国連を始めとする国際的組織が実現する必要がある。（イエメンの旧都の）タイズ市に関して、 フーシ派から大きな譲歩を引き出さなくてはならないのだ。

COLUMN

The word lynch symbolizes the long-standing hardships of African Americans. While the Japanese loanword *rinchi* usually means subjecting a defenseless person to a beating, the definition of lynching in the Oxford Dictionary of English goes like this: "killing someone for an alleged offence without a legal trial, especially by hanging." For instance, a Black man who "attempted to flirt" with a white woman was once considered to have committed a "felony" and thus hanged to death at the hands of white supremacists. Some records even show photos of those lynchings sold as souvenir postcards. It is this tragic history that makes all the more significant the 2008 election of Barack Obama, the son of a Kenyan father, as President of the United States.

「lynch」という言葉は、アフリカ系アメリカ人の長年の苦難を象徴しています。日本で使われる外来語のリンチは、普通「無抵抗の人を叩きのめす」という意味ですが、オックスフォード英語辞典では、「罪を犯したと疑われる者を法的な手続きを経ずに死に至らしめること、特に絞首刑に処すること」と定義されています。例えば、かつては、黒人男性が白人女性を「口説こうとする」と「重罪」を犯したとみなされ、白人至上主義者によって絞首刑に処されたのです。そのリンチの写真が、記念の絵葉書として販売されていたという記録さえあります。このような悲惨な歴史があるからこそ、2008年にケニア人の父を持つバラク・オバマが米国大統領に選出された意義が一層大きくなるのです。

✏ 練習　　　　　EXERCISE

：（コロン）を使って、次の英文をまとめましょう。

1. There are only two kinds of men in the world. They are Suttake and the others.
2. Hide speaks three foreign languages. They are English, German and Thai.

(解答例)

1. There are only two kinds of men in the world: Suttake and the others.
2. Hide speaks three foreign languages: English, German and Thai.

「, where」の使い方

(...), where Black prisoners were compelled to work without pay.

（そして）そこでは囚人となった黒人が無報酬で働くことを余儀なくされたのである。

| よくある英作文 | <u>and there</u> Black prisoners were compelled to work without pay.

 , where がポイントになりそうですね。

その通り。 and there が , where になっているところがポイントだよ！

　非制限用法の関係詞は先行詞に補足情報を加えるものですが、「, where」は、and there SV、but there SV、because there SV のような「接続詞＋ there」の働きをします。これで同じ接続詞の連発を避けられます。

EX. 時事英語での使用例

The Seattle-based giant is now covetously eyeing Japan<u>, where</u> tastes and consumer habits are growing more similar to Western ones, with a lot more young female tipplers than before, (...) *(The Economist)*

シアトルに本社を置くその大企業は、 現在、 日本に熱い視線を注いでいる。 嗜好や消費習慣が欧米に似てきており、 若い女性の愛飲者が以前よりはるかに増えているからだ。

 **PHRASES**

☐ **be compelled to V**　Vすることを余儀なくされる

「have to V」を have no choice but to V にすると、「V する以外に選択の余地がない」になって意味が強まります。これに近いのが be forced to V と be compelled to V です。後者の方が強制の意味合いが若干弱いとされています。

EX. 文学での使用例

The more I tried to forget about time, the more I <u>was compelled to think</u> about it. (Murakami Haruki, *The Wind-up Bird Chronicle*)

時間のことを忘れようとすればするほど、時間について考えないわけにはいかない。

✎ 練習　　　　　**EXERCISE**

❶ 「, where」を使って、次の英文をまとめましょう。
1. Full of hope, I went to England, <u>and</u> many wonderful things happened to me <u>there</u>.
2. I want to get into Kyoto University <u>because</u> the presence of many renowned professors <u>there</u> will enable me to study deeply.

(解答例)
1. Full of hope, I went to England<u>, where</u> many wonderful things happened to me.
2. I want to get into Kyoto University<u>, where</u> the presence of many renowned professors will enable me to study deeply.

❷ 「be compelled to V」を使って、次の日本語を英訳しましょう。
1. ジョンソンはその質問に全て答えることを余儀なくされた。
2. ケンジは日本の英語教育を変えなければならないと思った。
3. 政府は消費税を減税せざるを得なくなった。

(解答例)
1. Johnson <u>was compelled to answer</u> all of those questions.
2. Kenji <u>felt compelled to make</u> a difference in Japan's English education.
3. The government <u>was compelled to cut</u> the consumption tax.

「provide」の使い方

Their forced labor provided revenue for the state government.

（彼らを）強制労働させることで、州政府が収入を得たのだ。

| よくある英作文 | By forcing them to work, the state government got revenue.

> By を取って Forcing を S にすれば書きかえられそうですね。

> そうだね。動名詞を使わずに Their forced labor という
> 名詞のカタマリを S にする方法もあるよ。

　名詞のカタマリを S にして、make OC を続ける形に書きかえた後、使う動詞を工夫してみましょう。

例1　Their forced labor <u>enabled</u> the state government <u>to get</u> revenue.
例2　Their forced labor <u>gave</u> the state government revenue.
例3　Their forced labor <u>provided</u> the state government <u>with</u> revenue.

　「強制労働で州政府が収入を得た」ということは、「強制労働が州政府に収入を与えた」ということになるので、give や provide を使って書きかえられるのです。the state government と revenue の順番を入れ替えると、前置詞が with から for に変わって、Their forced labor <u>provided</u> revenue <u>for</u> the state government. になります。また、provide A with B や provide B for A ではなく、次の使用例のように provide B だけになっていることもあります。

EX. 時事英語での使用例

A tournament <u>provides</u> a means of self-measurement. *(The New York Times)*

大会に出場すれば、自分の実力がわかる。

📄 COLUMN

A lack of collocation awareness among Japanese learners of English often prevents them from writing and speaking natural English. Collocation refers to the common use of certain words in combination with others, i.e., natural word combinations. "Forced labor" and "white supremacy" used in the essay in this chapter provide good examples of natural collocations. The ability to have natural adjective-noun combinations such as "male supremacy," "military supremacy," and "economic supremacy" instantly come out of your mouth improves fluency.

日本人英語学習者にコロケーションの認識が欠けているために、自然な英語を書いたり話したりできないことが多くあります。コロケーションとは、使用頻度の高い単語の組み合わせ、つまり自然な単語の組み合わせのことです。本章のエッセイで使われている forced labor と white supremacy は自然なコロケーションの好例です。male supremacy（男性至上主義）、military supremacy（軍事的優位）、economic supremacy（経済的優位）のような形容詞と名詞の自然な組み合わせが瞬時に口をついて出るようにしておくと、流暢さが増します。

 練習　　　　　　　　　　**EXERCISE**

「enable」と「provide」を使って、次の英文を２通りに書きかえましょう。
A one-month stay in Kyoto made it possible for me to find peace of mind.

（解答例）
・A one-month stay in Kyoto <u>enabled</u> me to find peace of mind.
・A one-month stay in Kyoto <u>provided</u> me with peace of mind.

「though」や「although」節の中の省略

Although not a member of the Ku Klux Klan (KKK) himself, he (...)

（曽祖父）自身はクー・クラックス・クラン（KKK）の一員ではなかったが、（...）

| よくある英作文 | Although <u>he was</u> not a member of the Ku Klux Klan (KKK) himself, <u>he</u> (...)

> although の後ろが省略されているんですね。

　主節と although 節の中の主語が同じ場合、S + be 動詞を省略できます。この文の場合、どちらも主語が同じ he なので、although he was の he was を省略できるのです。省略するとフォーマルな響きになります。

EX. 時事英語での使用例

<u>Although</u> not among the 400 wealthiest, my family is willing and able to pay more taxes to help our country emerge from its financial nightmare.
(*The New York Times*)

富裕層 400 の中には入っていないが、我が家は、この国が財政的な悪夢から脱する力となるべく、もっと税金を納める意思も能力もある。

練習

although 節の「S + be 動詞」を省略して書きかえましょう。
Although he was injured in the first half of the game, Gon kept playing to the end, scoring a consolation goal in the second.

解答例　<u>Although</u> injured in the first half of the game, Gon kept playing to the end, scoring a consolation goal in the second.

「believe」を「belief」に

He clearly stated his belief in white supremacy.

白人は黒人よりも優れていると信じていると明言した。

| よくある英作文 | he clearly stated that he believed that whites were superior to Blacks.

> believe that SV の代わりに belief in 名詞を使うと、引き締まった文になるよ。

　he believed that を his belief in にして、名詞のカタマリにします。whites were superior to Blacks は whites' superiority to Blacks という名詞のカタマリにできますが、「白人優越主義」という意味の決まり文句、white supremacy を使ってみましょう。ぴったりの単語が使えるようにコロケーションを意識することも、ワンランク上の英語を書くためにはとても大切です。

EX. 文学での使用例

John's <u>belief in</u> my work was absolute, and he backed me at a time when few people even knew that I was alive. (Paul Auster, *Hand to Mouth*)

ジョンは私の作品を絶対的に信頼し、私が生きていることさえあまり知られていなかった時代に、支えてくれたのだ。

練習 「belief」を使って名詞のカタマリにしましょう。

He believed that love is important.

（解答例） His <u>belief in</u> the importance of love

「If SV, SV.」の連発を避ける②

**He believed that educating Black children
would ruin useful future farm laborers.**

黒人の子どもたちを教育すれば、将来、農場労働者として使えなくなってしまうと考えていたのだ。

| よくある英作文 | He believed that if they educated Black children, they would not become useful future farm laborers.

> If SV を V-ing にして S にする書きかえが使えますね。

> その通り。educated を educating という動名詞にするんだよ！

STEP1 動名詞を S にする。…educating Black children

STEP2 make OC を繋ぐ。
　　　…would make it impossible for them to become useful future farm laborers

STEP3 prevent で書きかえる。
　　　…would prevent them from becoming useful future farm laborers

さらに、「台無しにする」という意味の ruin を使って、ruin useful future farm laborers にすれば、より引き締まった文になります。

EX. 時事英語での使用例

(...) starting a war would ruin Georgia's hopes of joining NATO. (*The Economist*)

戦争を起こせば、ジョージアの NATO 加盟の希望は潰えるだろう。

Education has played a crucial role in modern society. My literacy and numeracy skills, which allow me to lead a normal daily life, come largely from the compulsory education I received as a child. Furthermore, I was fortunate enough to receive scholarships that made it possible to pursue not only college but also graduate school, deepening my understanding of the English language. That education has provided me with the opportunity to work as a translator and preparatory school teacher. For all the negative comments about Japan's foreign language education, my English proficiency has been nurtured by building on the foundation I acquired in junior and senior high school in Chiba. Hopefully, my dedication to teaching and book writing will enable me to further contribute to Japan's education in return for the generosity of the people who have shaped me into who I am today.

現代社会で教育は重要な役割を担ってきました。 私が読み書きや計算ができ、 普通に日常生活を送れるのは、 子どもの頃に受けた義務教育によるところが大きいのです。 さらに、 幸運にも奨学金をもらい、 大学だけでなく大学院にも進学し、 英語への理解を深めることができました。 そのお陰で、 翻訳者兼予備校講師として働けるようになったのです。 日本の外国語教育について否定的な意見も多く聞かれますが、 私の英語力は千葉の中学・高校で身につけた基礎の上に培われたものです。 予備校での授業や執筆活動に全力を尽くし、 これからも日本の教育に貢献することで、 今の自分を作ってくれた人達に恩返しをしたいと思います。

練習　EXERCISE

次の英文を、if を使わずに書きかえましょう。

1. If you go to Japan, you will not be promoted.
2. If you have a cup of tea, you will relax.
3. If he had read this book, he could have finished his homework.

解答例

1. Going to Japan will make it impossible for you to be promoted.
2. (Having) a cup of tea will make you relax.
3. (Reading) this book would have enabled him to finish his homework.

「無生物主語＋ see」の使い方

My freshman year saw me go to Sunday services across the street from the campus.

大学一年生の頃、私はキャンパスの向かいの日曜礼拝に足を運んだ。

| よくある英作文 | When I was a freshman, I went to Sunday services across the street from the campus.

> この文は、see の使い方がポイントになりそうですね!

> どこに注目すれば良いかがわかってきたのは素晴らしいね!
> 普段から、英文を読む時に意識していこう。

　時代や場所が S の場合にも、see を V に使うことができます。My freshman year のような "時代" を直接 S にして、英文を書いてみましょう。

EX. 時事英語での使用例

The 21st century <u>has seen</u> so many examples of "the unthinkable", from the twin-tower attacks to the recent financial meltdown, that the unthinkable is now routine and thus thinkable. (*The Economist*)

21 世紀は、ツインタワー襲撃事件から最近の金融メルトダウンまで、「考えられないこと」の事例があまりにも多く、考えられないことが今や日常化し、それゆえ考えられることとなっているのだ。

CHECK

左ページの使い方で SVO や SVO V-ing になる場合には see よりもフォーマルな witness が使えます。下の練習問題では、例えば 2 は、The 21st century has witnessed the rapid development of smartphones. にも書きかえられます。

COLUMN

Although I am an atheist, visits to historic religious sites never fail to fill me with a feeling of awe. On my recent visit to the 1400-year-old Itsukushima Shrine on Miyajima Island in Hiroshima, the breathtaking sight of its sacred Otorii gate moved me to tears. The solemn expressions on the faces of a young couple performing a wedding ceremony added to the beauty of that time-honored shrine.

私は無神論者ではありますが、 歴史的な聖地を訪れると、 畏敬の念を抱かずにはいられません。 先日、 1,400 年の歴史を持つ広島の宮島にある嚴島神社を訪れた時は、 神聖な大鳥居の息をのむような美しさに感動して涙がこぼれました。 結婚式を挙げていた若い夫婦の厳かな表情が、 由緒ある神社の美しさをさらに際立たせていました。

練習　EXERCISE

「see」を使って次の日本語を英訳しましょう。
1. 日本では出生率が急激に落ち込んできた。
2. 21 世紀にはスマートフォンが急速に発展してきた。
3. 過去 10 年で機械翻訳が驚くほど進化してきた。
4. この町では過疎化が進んでいる。
5. この会社の求人に応募する人がかなり増えている。

解答例

1. Japan has seen its birthrate plummet.
2. The 21st century has seen the rapid development of smartphones.
3. The past decade has seen the incredible evolution of machine translation.
4. The town has seen rapid depopulation.
5. This company has seen significantly more job applicants.

使役の「cause」の使い方

The civil rights movement caused that church to decide to ban Black people from attending its worship services.

公民権運動で、その教会は黒人が礼拝に出席するのを禁止することを決めた。

| よくある英作文 | Because of the civil rights movement, that church decided to ban Black people from attending its worship services.

> Because of をとれば、後ろの名詞を S にできますね！

STEP 1　前置詞の目的語の名詞を S にする。…The civil rights movement

STEP 2　make OC を繋ぐ。…made that church decide to ban Black people from attending its worship services

STEP 3　動詞の書きかえ。(make~ V ⇒ cause~ to V)

＊cause~ to V の方がフォーマル

EX. 文学での使用例

She was gazing at me with a slightly amused expression, and something in the way she did so <u>caused</u> me <u>to laugh.</u> (Kazuo Ishiguro, *A Pale View of Hills*)

彼女は少しおかしそうな表情で私を見つめていて、その様子には何か笑いを誘うものがあった。

練習

「cause~ to V」を使って、次の日本語を英訳しましょう。

彼らが無愛想だったので、客足がかなり減った。

(解答例) Their unfriendliness <u>caused</u> them <u>to lose</u> many of their customers.

POINT 17

「and V」の代わりに「, V-ing」を使う

(Members of the congregation formed a human chain around the church), keeping Black folks out.

（信徒は教会の周りに人間の鎖を作り、）黒人を締め出したのである。

| よくある英作文 | and kept Black folks out.

and を使いすぎてしまいます…。

　and V の連発を避ける方法の一つに、、V-ing という分詞構文に書きかえる方法があります。

 時事英語での使用例

Having failed to take Kyiv, Russian troops retreated, <u>leaving</u> behind evidence of war crimes. (*The Economist*)

キーウの占領に失敗したロシア軍は退却し、戦争犯罪の証拠を残していった。

練習

「and」を使わずに、次の英文を書きかえましょう。

1. Our plane took off from Haneda at 10:00 and landed at Heathrow at 19:00.
2. He carried out innovative experiments and proved his theory correct.

（解答例）1. Our plane took off from Haneda at 10:00, <u>landing</u> at Heathrow at 19:00.
　　　　 2. He carried out innovative experiments, <u>proving</u> his theory correct.

「discourage」の使い方

This despicable act discouraged me from setting foot there again.

このような卑劣な行為に出たため、私はその教会に再び足を踏み入れる気が失せてしまった。

| よくある英作文 | They acted in this despicable way, so I didn't want to set foot there again.

よくある英作文から、Their despicable act という S を作って書きかえられそうですね。

S を書きかえる発想は、だいぶ身についてきたね。
これだけでも大きな進歩だよ!

　S を書きかえたうえで、「したくない」という内容を make OC を使って書いてから、discourage を使ってさらに書きかえてみましょう。所有格で S を作る → make OC →別の V で書きかえのステップです。

STEP 1　名詞のカタマリを S にする。

　　　　…They acted in this despicable way ⇒ This despicable act

STEP 2　make OC を繋ぐ。

　　　　…This despicable act made me not want to set foot there again.

STEP 3　動詞の書きかえ。(make~ not want to V ⇒ discourage~ from V-ing)

　　　　…This despicable act discouraged me from setting foot there again.

 **PHRASES**

☐ **A discourages B from V-ing.** A のせいで B は V したくなくなる

☐ **A encourages B to V.** A のお陰で B は V したくなる

discourage~ from V-ing は、encourage~ to V、motivate~ to V、stimulate~ to V の反対語です。prevent の仲間なので、後ろが from V-ing になります。

EX. 時事英語での使用例

(...) pushing energy and food prices further up could actually <u>discourage</u> consumers <u>from</u> spending.（*The New York Times*）

エネルギーや食料の価格をさらに押し上げると、実際に消費者の支出を抑制することになりかねない。

 練習　　　　　　　　**EXERCISE**

「discourage」を使って次の日本語を英訳しましょう。

1．先生に叱られたので、英語を勉強する気が失せた。
2．何度も失敗したので、もう太平洋横断は懲り懲りだ。
3．彼にひどいことを言われたので、アメリカに行きたくなくなった。
4．その食べ物は匂いが強烈だったので食べる気にならなかった。
5．不況が長引いていたので、政府は消費税の引き上げに消極的だった。

（解答例）

1. My teacher's criticism <u>discouraged</u> me <u>from</u> studying English.
2. Repeated failures <u>discouraged</u> me <u>from</u> crossing the Pacific.
3. His hurtful words <u>discouraged</u> me <u>from</u> visiting the United States.
4. The strong smell of the food <u>discouraged</u> me <u>from</u> tasting it.
5. The prolonged recession <u>discouraged</u> the government <u>from</u> raising the consumption tax rate.

「keep OC」の使い方

> **One Sunday, I attended a worship service at a Black church, where my participation in the prayers kept me wondering (...)**
>
> ある日曜日、私は黒人教会の礼拝に行ったのだが、そこで祈りに参加している間、（... のことを）ずっと考えていた。

| よくある英作文 | One Sunday, I attended a worship service at a Black church, and while I was participating in the prayers there, I kept wondering (...)

> この , and と there も , where にできますね！

, where の後ろは、名詞のカタマリを S とした「型」への書きかえです。

STEP 1 I was participating in the prayers ⇒ my participation in the prayers
STEP 2 VOC を繋ぐ。(keep OC：O が C の状態を保つ) …kept me wondering~

EX. 時事問題での使用例

In the past few weeks, three different events/situations have <u>kept me wondering</u> about how climate change is impacting our lives in ways we cannot even imagine. (*HuffPost*)

この数週間、3つの異なる出来事・状況に遭遇して、ずっと考えてきた。いかに気候変動が、私たちの生活に想像を絶するような影響を及ぼしているのかということについて。

練習

「keep OC」と「where」を使って、次の日本語を英語にしましょう。
昨年東京へ行ったのだが、いろいろなアポに追われて忙しかった。

(解答例) Last year, I went to Tokyo, where various appointments kept me busy.

20

「presence」の使い方

---

the presence of a white newcomer

新参者の白人がいること

| よくある英作文 | There was a white newcomer (...)

 「いる」という内容は、反射的に There 構文で書きたくなります。

　the presence of~ を使うと、「~がいること」という意味の名詞のカタマリが簡単に作れます。反対に the absence of ~を使うと「~がいないこと」「~がないこと」という意味の名詞のカタマリが作れるので、一緒に覚えておきましょう。

EX. 文学での使用例

But <u>the presence of</u> a father would completely alter the tone of the holiday. (Mori Ogai, *Wild Geese*)

ところがそこへ親父が出て来るとなると、その晴れがましさの性質がまるで変って来る。

練習

「presence」か「absence」を使って、次の日本語を英訳しましょう。

1. そのパーティーに以前付き合っていた女性がいて気まずかった。
2. その試合には大谷翔平がいなかったのでがっかりした。

解答例 1. <u>The presence of</u> my ex-girlfriend at the party made me feel awkward.
2. <u>The absence of</u> Ohtani Shohei in the game disappointed me.

21

「up」のニュアンスを読み取る

At the end of the service, one of the church's elders came up to me, saying (...)

礼拝が終わると、教会の長老の一人が近づいてきて、(... という) 言葉をかけてくれた。

 came up to の up って必要ですか?

この up は高さには関係なく、「話題の中心になっている人や物に近づいてくる」という意味合いです。逆に「離れていく」場合には、高さに関係なく down が使えます。例えば My mother went down to a nearby supermarket. という文は、「母親が自分から離れてスーパーに行った」という意味です。「上り電車」や「下り電車」が、高低差には関係がなく前者が「東京に向かう電車」で、後者が「東京から離れる電車」であるのと似ていますね。

なお、ここでの saying は、分詞構文で、and said という意味です。

EX. 文学での使用例

He <u>came up to</u> my room one morning, and plunged into business in an instant. (Arthur Conan Doyle, *The Resident Patient*)

ある朝、彼は私の部屋にやってきて、すぐに用件を切り出した。

 練習

「up」または「down」を使って、次の日本語を英訳しましょう。

1. 彼女は私のところに歩み寄ってきて、頬にキスをした。

2. タケシは甥っ子たちに会いに千葉まで出かけた。

(解答例) 1. She walked <u>up</u> to me, kissing me on the cheek.

2. Takeshi went <u>down</u> to Chiba to see his nephews.

be 動詞に頼りすぎない

His generosity, which stood in stark contrast to (...)

彼が寛大にしてくれたのは、（…とは）大違い（で ...）

| よくある英作文 |　He was generous, and that was very different from (...)

> 名詞のカタマリ、His generosity の後が難しいです。

　エッセイでは stood in stark contrast to を続けています。stand in stark contrast to は be completely different from の書きかえです。このように be 動詞に頼らずに同じ内容を表現できるのはとても大切なことです。stark は marked や sharp などの形容詞と交換可能です。

EX. 時事英語での使用例

> The rise of anti-foreigner sentiment stands in stark contrast to thousands of ordinary Germans stepping up to help refugees. (*The Guardian*)
>
> 外国人排斥感情が高まっているのは、何千人もの一般のドイツ人が難民の救済に乗り出しているのとは、全く対照的である。

> 「stand in stark contrast」を使って、次の日本語を英訳しましょう。
> 日本で出生率が減少してきているのは、途上国で人口が激増しているのとは対照的だ。
>
> 練習
>
> （解答例）Japan's declining birthrate stands in stark contrast to the developing world's population explosion.

関係代名詞に頼りすぎない①

---

my former church

以前通っていた教会

| よくある英作文 | the church (that) I formerly attended

> 関係代名詞に頼らずにシンプルな名詞のカタマリを作る良い例だね。

　例えば「私が東京で通っている学校」は、the school (that) I attend in Tokyo と書けますが、これは関係代名詞を使わずに my school in Tokyo というシンプルな英語にできます。my former church も、同じ発想で作られています。自然な英語の場合、日本語から発想して書いた英語よりも動詞の数が少なくなる傾向があります。

EX. 時事英語での使用例

I was very disappointed given <u>my previous experience of censorship</u>. If you take out the line, the whole thing changes *(The Guardian)*

私には、以前検閲を受けた経験があるので、とても残念に思いました。そのセリフを抜いてしまうと、全体が変わってしまうのです。

練習

関係代名詞を使わずに、名詞のカタマリを作りましょう。
1. 私が大好きな本　　2. 彼女が一番行きたい大学
3. 彼が以前働いていた会社

(解答例) 1. My favorite book　　2. Her first-choice university
3. His former company

24

分詞構文で理由を表す

(I introduced myself with foreboding), knowing the atrocities committed by my namesake.

（自己紹介をしたのだが、嫌な予感がした。）自分と同姓同名の人物（＝曽祖父）が働いた残虐行為を知っていたからだ。

| よくある英作文 | because I knew the atrocities committed by my namesake.

> because SV も連発しがちですよね。

　主節と because 節の主語が同じ場合、分詞構文にする方法があります。「自己紹介をしたのだが、嫌な予感がした」という部分を読んだ瞬間に、「なぜ嫌な予感がしたのか」という疑問が浮かびます。その疑問に答えているのが、knowing で始まる分詞構文です。

EX. 時事英語での使用例

　The spread of ride-hailing apps may have tempted people to drink to excess, <u>knowing</u> that they won't be at the wheel. (*The Economist*)

配車アプリが普及したことで、人は深酒したい誘惑に駆られたのかもしれない。運転しないとわかっているからだ。

練習

分詞構文を使って、次の英文を書きかえましょう。

I decided to accept his offer because I believed that he would not take no for an answer.

（解答例）I decided to accept his offer, <u>believing</u> that he would not take no for an answer.

25

that SV を名詞のカタマリに

My unusual surname made it easy for anyone to see my kinship with James Kimble Vardaman.

私の苗字は珍しく、ジェームス・キンブル・バーダマンの親族であることは、誰の目にも明らかだった。

| よくある英作文 | My surname was unusual, so it was easy for anyone to see that I was related to James Kimble Vardaman.

 SVC から名詞のカタマリを作るテクニックですね!

STEP 1 S を作る。…My surname was <u>unusual</u> ⇒ My <u>unusual</u> surname
STEP 2 VOC を繋ぐ。…S made it easy for anyone to see

そのうえで、that I was related to を my relation to という名詞のカタマリにします。エッセイでは、relation to の代わりに <u>kinship with</u> を使っています。

 PHRASES

☐ **S be notorious as~**　　～として悪名高い（～は S とイコールになる名詞）

EX. 時事英語での使用例

(...) he <u>became notorious as</u> the man who broke lockdown rules (...) *(The Economist)*
彼はロックダウンの規則を破った者として悪名高くなった。

練習　次の日本語を英訳しましょう。
彼は無慈悲な独裁者として悪名高い。

(解答例) He <u>is notorious as</u> a merciless dictator.

26

「call OC」の使い方

The elder called my great-grandfather "a great man."

その長老は、曽祖父のことを「偉大な人物」だったと言った。

| よくある英作文 | The elder said my great-grandfather had been "a great man."

> describe A as B を使って書きかえられそうですけど…。

　一度使った表現はなるべく繰り返さないようにしたいので、このエッセイでは call OC を使っています。

EX. 時事英語での使用例

When Mr Obama nominated Ms Sotomayor, he called her "an inspiring woman", and praised the "extraordinary journey" that brought her to the federal bench. (*The Economist*)

オバマ大統領は、ソトマイヨール女史を指名した際、「インスピレーションを与えてくれる女性」と呼び、彼女を連邦判事へと導いた「並々ならぬ旅路」を称えた。

練習

「call」を使って次の日本語を英訳しましょう。

1. ルイス・フィーゴ（Luis Figo）はライバルチームに移籍して、多くの人に裏切り者呼ばわりされた。

2. 本物の二刀流スターと呼べるのは大谷翔平しかいない。

（解答例） 1. Many called Luis Figo a traitor when he left for a rival team.

2. Ohtani Shohei is the only baseball player who can be called a real two-way star.

CHAP. 3

Advanced Level #1

「come from」で因果関係を表す

Those words came from his genuine compassion.

純粋に思いやりの気持ちから発してくれた言葉だった。

| よくある英作文 | He said those words because he was genuinely compassionate.

> SV because SV. の書きかえは他にもありますか?

SV because SV. は、主節と because 節の SV を名詞のカタマリにすることで、A comes from B. に書きかえられます。

A (結果): He said those words ⇒ His words か Those words
B (原因): he was genuinely compassionate ⇒ his genuine compassion

EX. 時事英語での使用例

The energy and creativity that fosters and encourages innovation often comes from the desire for joy and fulfilment in making a positive difference to the world. (*The Guardian*)

イノベーションを育み、後押しするエネルギーと創造性が生まれるのは、多くの場合、世の中に良い変化をもたらすことで、喜びと充足感を得たいという願いがあるからだ。

come from の類語に、result from や stem from があります。

練習

「come from」を使って、次の日本語を英訳しましょう。
私が幸せなのは彼女が愛してくれるからだ。

(解答例) My happiness comes from her love for me.

28

「despite」の使い方

Despite his painful experiences at the hands of my forefathers and many other white supremacists, (...)

私の祖先を始めとする多くの白人至上主義者のせいで辛い経験をしたにもかかわらず、(...)

| よくある英作文 | Although he had had painful experiences at the hands of my forefathers and many other white supremacists, (...)

 he を his にすれば、名詞のカタマリが作れますね。

despite は前置詞なので、he had had painful experiences を his painful experiences にして後ろに続ければ OK です。ここでの at the hands of は because of に近い意味です。

EX. 時事英語での使用例

Despite Germany's exit, this World Cup has been quite predictable.

(*The Economist*)

ドイツが敗退したとはいえ、今回のワールドカップはかなり予想通りの展開になった。

「despite」を使って、次の英文を書きかえましょう。

1. They made tremendous efforts, but the match ended in defeat.
2. Although he was extremely poor, he graduated from one of the most prestigious colleges in his country.

練習

解答例 1. Despite their tremendous efforts, the match ended in defeat.
2. Despite his extreme poverty, he graduated from one of the most prestigious colleges in his country.

「allow」の使い方

(...) his magnanimity allowed him to extend a warm welcome to a young white man who had by chance come to his church.

(...) 寛大な心で、偶然教会に足を運んだ白人青年を温かく迎え入れてくれたのだ。

| よくある英作文 | He was generous, so he extended a warm welcome to a young white man who had by chance come to his church.

> His generosity が S かなと思いましたが、違う単語ですね。

　同じ単語を連発しないことも、こなれた英文を書くためのポイントでした。ここでは、His magnanimity を使ってみましょう。

STEP 1　名詞のカタマリを S にする。…His magnanimity

STEP 2　make OC を繋ぐ。…made it possible for him to extend

STEP 3　make の書きかえ。(enable の 初 allow) …allowed him to extend

EX. 時事英語での使用例

The discovery of huge reserves there in 1959 allowed China to end its dependence on Soviet oil supplies, (*The Economist*)

1959 年に莫大な油量が発見されたことで、中国はソ連からの石油の供給に依存する必要がなくなった。

練習

「allow~ to V」を使って、次の日本語を英訳しましょう。

彼は真面目なので授業をサボれない。

(解答例) His diligence does not allow him to skip his classes.

Advanced Level #2

The Glass Rabbit

Chapter 4 では Chapter 3 と同様に、比較的レ
ベルの高いエッセイを扱っていきます。上級者で
和文英訳の練習をしたい方は、前の章と同様に日
本語訳を英訳してから読み進めていくと良いでしょ
う。そうでない方はまず英文を熟読してみて、ど
んなところにライティングのためのヒントが隠され
ているのか考えてみると面白いと思います。それ
では始めましょう！

The Glass Rabbit

①Not all Japanese-to-English translation projects are created equal. Strict deadlines, uninteresting content, and uncooperative authors have ②interfered with many of my translation projects. However, one of them ③stands out as being memorable for positive reasons.

A professor at the University of Hawai'i ④encouraged me to read a book about the Tokyo air raids on the night of March 9-10, 1945⑤, which killed approximately 100,000 civilians, leaving around one million homeless. Takagi Toshiko's ⑥The Glass Rabbit, the autobiographical story of her painful wartime experiences, describes the utter destruction of the city ⑦as well as the violent deaths of her mother and little sisters.

⑧Upon returning to where their house had stood, she and her father found the family's safe. Digging around it ⑨led to their discovery of a glass rabbit. Half ⑩melted and twisted out of shape, that small family treasure bore mute testament to ⑪the great sufferings her family and thousands of others had experienced after the bombing campaign.

ガラスのウサギ

　日英翻訳の仕事にもいろいろある。納期が厳しかったり、内容に面白みがなかったり、著者があまり協力的ではなかったりして、プロジェクトに支障をきたすことも多かった。しかし、その中に良い意味で思い出深いものがある。

　ハワイ大学の教授の話を聞いて、1945年3月9日から10日の夜の東京大空襲を主題にした本を読みたくなった。約10万人の市民が死亡し、約100万人が住処を失った空襲だ。高木敏子さんの『ガラスのうさぎ』は、戦争時代の辛い経験を綴った自伝的な物語で、街が破壊し尽くされ、母親と妹たちが非業の死を遂げた様子が描かれている。

　彼女が父と一緒に自宅のあった場所に戻るとすぐに、家の金庫が見つかった。周りを掘ってみると、ガラスのウサギが出てきた。その小さな家宝は、半分溶けて歪んでいて、彼女の家を始めとする幾多の家族があの日の夜から苦しい思いをしたことを、無言のうちに物語っていた。

My intense desire to translate this story into English ⑫inspired me to write to her. ⑬The fact that I was a total stranger from the country that had bombed and killed her family made me wonder how she would respond to my letter. Her thoughtful reply thus ⑭came as a pleasant surprise to me.

My face-to-face meeting with her conjured up ⑮in my mind the vivid images of the distorted rabbit and her loved ones. When those poignant images ⑯rendered me speechless, she said, "I'd like to have you translate this for me." Nothing moves me very easily, but her words ⑰brought me to tears.

While some translation projects ⑱allow me to feel a sense of accomplishment, the publication of *The Glass Rabbit* ⑲filled me with gratitude toward Takagi-san for her ⑳determination to share her tragedy with the rest of the world. The anniversary in March ㉑never fails to make me bow and silently thank her.

(315 words)

この物語を英訳したいという思いが強まり、高木さんに手紙を書きたくなった。私は自宅を爆撃し家族を奪った国から来た赤の他人だったため、どんな反応が返ってくるのかわからなかった。そのため心のこもった返信があったことに驚き嬉しくなったのだ。

　本人を目の前にすると、歪んだウサギと亡くなった家族の姿が鮮明に脳裏に浮かび上がってきた。その姿に心を揺さぶられて言葉が出てこなかったのだが、彼女の方から「あなたに訳していただきたい」という言葉をかけてくれた。滅多なことでは感動しない私だが、その言葉を聞いて涙が出た。

　翻訳のプロジェクトが終わると、達成感を味わえることもあるが、『ガラスのうさぎ』（の英語版）が出版された時にあふれてきたのは、高木さんが世界に自らの悲劇を伝える決意をしてくれたことに対する、感謝の気持ちだった。毎年３月の記念日になると、必ず高木さんに頭を下げて、心の中で感謝するのである。

「Not all」の使い方

Not all Japanese-to-English translation projects are created equal.

日英翻訳の仕事にもいろいろある。

 似たような文をどこかで見たことがある気がします。

　実は、これはアメリカ独立宣言の有名な一節をもじったものです。この英語を見ると、多くのアメリカ人は <u>All men are created equal.</u> というアメリカ合衆国独立宣言の有名な一節を思い出すことでしょう。

　Not all で始まる文は、「全て〜なわけではない」という意味ですが、その後に Some~ while others~. と展開されることを予感させるものです。例えば、Not all his books are great. であれば、Some are masterpieces that will live on for generations to come, while others are unreadable pieces of junk. のような内容になることが予想できます。

EX. 時事英語での使用例

<u>Not all</u> students cause problems by any means and <u>not all</u> the problems are caused by students either. (*BBC News*)

決して全ての生徒が問題を起こすわけではないし、全ての問題が生徒によって引き起こされるわけでもない。

練習

次の文の続きを予想して英語で書きましょう。

Not all of Takeshi's students respect him as a good teacher.

(解答例) <u>Some</u> see him as a fluent speaker of English, <u>while others</u> think of him as little more than a middle-aged man firing off bad puns.

02

「interfere with」の使い方

Strict deadlines, uninteresting content, and uncooperative authors have interfered with many of my translation projects.

納期が厳しかったり、 内容に面白みがなかったり、 著者があまり協力的ではなかったりして、 プロジェクトに支障をきたすことも多かった。

SVC の代わりに名詞のカタマリを主語にする型だよ!

STEP 1 名詞のカタマリを作る。

…Strict deadlines, uninteresting content, and uncooperative authors

STEP 2 <u>prevented</u> many of my translation projects from being carried out properly.

STEP 3 動詞の書きかえ。(prevent~ from being carried out properly ⇒ interfere with~)

…interfered with many of my translation projects.

interfere with~ を、英英辞典の COBUILD は "have a negative effect on~"、Oxford Dictionary of English は "prevent~ from being carried out properly" と定義しています (make it impossible for~ to V や prevent~ from V-ing の言いかえ)。

EX. 時事英語での使用例

Perhaps it sounds naïve, but I don't want to let career ambitions <u>interfere with</u> my relationships. (*The New York Times*)

甘い考えかもしれないが、 出世欲に邪魔されて人間関係が悪くなるのはごめんだ。

練習

「interfere with」を使って次の日本語を英訳しましょう。

ガラスの天井のせいで、日本企業で女性が出世できない。

(解答例) The glass ceiling <u>interferes with</u> women's promotion in Japanese companies.

POINT

03

SVC の言いかえを考える

However, one of them stands out as being memorable for positive reasons.

しかし、その中に良い意味で思い出深いものがある。

| よくある英作文 | However, one of them is memorable for positive reasons.

 is を使わずに表現しているんですね。まねしたいです！

「際立っている」という意味の stand out as を使うと、他の翻訳プロジェクトと違って特別だということが強調されます。stand out は幼稚園児の中に身長193センチ、体重102キロの大谷翔平選手が交じったように目立つイメージなので、SVC の C の内容を強調できるのです。

EX. 時事英語での使用例

America's tax system <u>stands out as</u> one of the least efficient. (*The Economist*)
アメリカの税制は効率の悪さに関しては最悪の部類だ。

 練習

「stand out as」を使って次の日本語を英訳しましょう。
1．リオネル・メッシは素晴らしいサッカー選手だ。
2．大谷翔平は多くの日本人にとって希望の星だ。
3．スッタケは偉大な哲学者として再び注目されている。

解答例 1. Lionel Messi <u>stands out as</u> a great soccer player.
2. Ohtani Shohei <u>stands out as</u> a beacon of hope for many Japanese.
3. Suttake <u>stands out</u> once again <u>as</u> a great philosopher.

「encourage」の使い方

A professor at the University of Hawai'i encouraged me to read a book about the Tokyo air raids on the night of March 9 − 10, 1945,

ハワイ大学の教授の話を聞いて、1945年3月9日から10日の夜の東京大空襲を主題にした本を読みたくなった。

| よくある英作文 | When I listened to a professor at the University of Hawai'i, I wanted to read a book about (...)

「接続詞 SV」の V を動名詞にして書きかえる型を使うよ。

STEP 1 動名詞を S にする。…When I listened to a professor ⇒ Listening to a professor（A professor だけでも可）

STEP 2 make OC を繋ぐ。…<u>made</u> me <u>want to</u> read a book

STEP 3 動詞の書きかえ。(make~ want to V ⇒ encourage~ to V)

　　　…<u>encouraged</u> me <u>to</u> read a book

A encourages B to V. で「A のお陰で B は V したくなる」という意味です。

EX. 時事英語での使用例

Rwanda's success has <u>encouraged</u> other violence-plagued nations <u>to</u> view it as a lodestar. (*The Economist*)

ルワンダが成功したことで、暴力に悩む他の国々が手本にしたいと思うようになったのだ。

練習

「encourage」を使って次の日本語を英訳しましょう。

彼の講義を聞いて通訳になりたくなった。

(解答例) His lecture <u>encouraged</u> me <u>to</u> become an interpreter.

非制限用法の関係代名詞で補足情報を加える

(...), which killed approximately 100,000 civilians, leaving around one million homeless.

（その空襲とは）約 10 万人の市民が死亡し、約 100 万人が住処を失った空襲だ。

この「, which」はどんな役割を果たすのかを考えよう。

　「大空襲」と聞くと、「どのくらいの規模だったのか」という疑問が湧きますね。the Tokyo air raids の後ろに , which を加えることで、その疑問に答えているのです。「有名なものだから説明するまでもない」という気持ちを捨て、自分が話題に上げたものについて読者は何も知らないという気持ちで、情報を適宜付け加えるようにしましょう。例えば大谷翔平は世界屈指の野球選手ですが、よく知らない人も少なくないという前提で、Ohtani Shohei, who has achieved unprecedented feats as a two-way baseball player という補足情報を加えます。

EX. 時事英語での使用例

A while ago the internet was seized with the hope that Emma Watson, who plays Hermione, was dating Prince Harry. *(The Economist)*

少し前、インターネット上では、ハーマイオニー役のエマ・ワトソンがハリー王子と交際しているのではないかという期待が湧いた。

非制限用法の関係代名詞を使って情報を足しましょう。

練習

1．Steve Jobs　　2．Barack Obama

（解答例）1．Steve Jobs, who played a pivotal role in the invention of the iPhone

2．Barack Obama, who served as the first African American president

06

同格のカンマの使い方②

> **Takagi Toshiko's _The Glass Rabbit_, the autobiographical story of her painful wartime experiences, (...)**
>
> 高木敏子さんの『ガラスのうさぎ』は、戦争時代の辛い経験を綴った
> 自伝的な物語で、（...）

| よくある英作文 | Takagi Toshiko's _The Glass Rabbit_ is the autobiographical story of her painful wartime experiences, (...)

> 固有名詞を書いたら「, 」の後ろに補足情報を加えよう。

　下に引用した例でも、ジョニー・デップにさえ「映画スター」という情報を足
しているくらいなので、大抵のものには必要だとわかります。

EX. 時事英語での使用例

> (...) the Man Ray restaurant, just off the Champs Elysées, which boasts among its owners Johnny Depp, a film star, and also Mick Hucknall, lead singer of Simply Red. _(The Economist)_
>
> シャンゼリゼからすぐのところにあるレストラン「マン・レイ」は、映画スターのジョニー・
> デップや、シンプリー・レッドのリードボーカル、ミック・ハックネルなどがオーナーとして
> 名を連ねている。

練習

　同格のカンマを使って、一つの英文にしましょう。
Murakami Haruki is a world-renowned novelist. He has captivated readers around the world with his wonderful works.

（解答例）Murakami Haruki, a world-renowned novelist, has captivated readers around the world with his wonderful works.

07

「A as well as B」の使い方

(..., describes) **the utter destruction of the city as well as the violent deaths of her mother and little sisters.**

（空襲により）街が破壊し尽くされ、母親と妹たちが非業の死を遂げた（様子が描かれている）。

| よくある英作文 | the bombing campaign utterly destroyed the city, and her mother and little sisters died violently.

> 「～して、（そして）～する。」という文だと、どうしても and がまず思い浮かびます。

> and 以外に並列する方法がないかどうかを考えてみよう。

2つの名詞のカタマリを作って、A as well as B に入れてみましょう。

A　utterly destroyed the city ⇒ the utter destruction of the city

B　her mother and little sisters died violently ⇒ the violent deaths of her mother and little sisters

　A as well as B は「B だけではなくて A も」という訳で習うことが多いのですが、B の方に焦点が当たっていることも少なくありません。つまり <u>not only A but also B</u> に近い意味で使われていることがあるということです。

EX. 文学での使用例

　He is the author of many novels <u>as well as</u> short stories and non-fiction.

　(Murakami Haruki, *The Elephant Vanishes*)

　彼は、多くの長編小説のほか、短編小説やノンフィクションも手がけている。

CHECK

A as well as B を使用した左ページの例は、*The Elephant Vanishes* の著者紹介の
ページからの引用ですが、村上春樹の場合、「A」の長編小説の方が知られてい
るので、「B」の短編やノンフィクションの方に焦点を当てています。したがっ
て「多くの長編小説のほか、短編小説やノンフィクションも手がけている」と訳
すのが適切だと言えます。つまり、文脈に応じて訳し分けるということです。

 COLUMN

The recent deaths of my loved ones have brought home to me the
preciousness of life as well as the inevitability of death. My very best friend
since we were in our teens, someone who long supported me personally
and professionally, passed away from an incurable disease. Not only has
his passing deepened my awareness of the inevitable death that has always
lurked within me since birth, but it has also helped me separate the trivial
from the important, trying to make every day count. The English writer
George Eliot once said, "our dead are never dead to us, until we have
forgotten them." My dearest friend will remain alive within me until we are
reunited on the other side.

最近、 私の愛する人達が亡くなったことで、 死が必然であること、 そして命が尊いものであ
ることを、 身にしみて感じています。 10代の頃に出会って以来、 公私ともに長く私を支えてく
れた一番の親友が、 不治の病で他界しました。 彼を亡くしたことで、 生まれた時から自分の中
に常に潜んでいた必然的な死への意識が深まっただけではなく、 些細なことと大事なことを区
別できるようになり、 毎日を有意義なものにしようと努めるようになりました。 英国の作家ジョ
ージ・エリオットはかつて、 「死者が死者となるのは、 忘れ去られた時だけだ。」 と言いました。
あの世で再会するまで、 親友は私の中で生き続けていくのです。

 練習　　　　　　　　　**EXERCISE**

「as well as」を使って、次の日本語を英訳してみましょう。
毎日運動すると体だけではなく心にも良い影響がある。

(解答例)

Daily exercise has a positive effect on the mind <u>as well as</u> on the body.

「on V-ing」の使い方

Upon returning to where their house had stood, she and her father found the family's safe.

彼女が父と一緒に自宅のあった場所に戻るとすぐに、家の金庫が見つかった。

| よくある英作文 | As soon as they returned to where their house had stood, she and her father found the family's safe.

 As soon as SV を、 Upon V-ing で表していますね。

　on は接触を表し、前後の動作が連続していることを示します。As soon as SV, SV. の2つの S が同じなら、On V-ing に書きかえられます。On + 名詞のカタマリ（On their return）にしても良いです。Upon にするとさらにフォーマルです。

EX. 時事英語での使用例

He and Maggie Cheung are neighbours who, <u>upon discovering</u> their spouses are having an affair, embark on their own relationship.

(*The New York Times*)

彼とマギー・チャンは隣人で、互いの配偶者が不倫していることを知り、自分たちも関係を持つようになる。

練習

「upon」を使って、次の日本語を英訳しましょう。
スッタケは空港に着くとすぐに、アパートにパスポートを置いてきてしまったことに気づいた。

解答例 <u>Upon arriving</u> at the airport, Suttake realized that he had left his passport in his apartment.

09

「lead to」の使い方

Digging around it led to their discovery of a glass rabbit.

周りを掘ってみると、 ガラスのウサギが出てきた。

| よくある英作文 | When they dug around it, they discovered a glass rabbit.

> V-ing を S にして When SV の連発を防ぐ方法があるよ。

STEP 1　動名詞を S にする。 …When they dug ⇒ Digging

STEP 2　make OC を繋ぐ。 …S made it possible for them to discover

STEP 3　動詞の書きかえ。 (lead to~：〜に繋がる 類result in~、bring about~)
　　　　…led to their discovery of~

　their discovery of のような名詞のカタマリがうまく作れない場合には、 their discovering のように「意味上の主語＋動名詞」にする方法もあります。

EX. 時事英語での使用例

(...) painters began to seek means of depicting spatial depth in their pictures, a search that eventually <u>led to</u> the mastery of perspective in the early years of the Italian Renaissance.　(*Encyclopaedia Britannica*)

画家たちは、 絵の中に奥行きを表現する方法を模索し始め、 ついにイタリア・ルネサンス初期に遠近法を習得したのだ。

練習

「lead to」を使って次の日本語を英訳しましょう。
ロシアがウクライナに侵攻したので物価が上がった。

解答例　Russia's invasion of Ukraine has <u>led to</u> higher prices.

受動態の分詞構文

Half melted and twisted out of shape, that small family treasure (...)

その小さな家宝は、 半分溶けて歪んでいて、 (...)

| よくある英作文 | That small family treasure was half melted and twisted out of shape

この受動態の文を名詞のカタマリにするのは難しいです…。

be の代わりにカンマを入れるだけだよ。

関係代名詞の非制限用法を使いましょう。

STEP 1 　関係代名詞の非制限用法で書く。 …That small family treasure, which was half melted and twisted out of shape

STEP 2 　which was を取る。

STEP 3 　half melted and twisted out of shape は分詞構文として文頭に置く。

EX. 時事英語での使用例

Written in Spanish and entitled "Querida Amazonía" (Beloved Amazon), the document contains a powerful call for greater attention to be given to a region that contains 40% of the world's rainforests (...) (*The Economist*)

スペイン語で書かれて 「Querida Amazonía (愛するアマゾン)」 と題されたその文書は、 世界の熱帯雨林の 40%を占めるこの地域にもっと目を向けるよう、 力強く訴えるものとなっ ている。

COLUMN

The Pacific War saw a series of devastating air raids by US B-29 bombers ravage Tokyo from November 1944 until August 1945. The Tokyo air raids of March 9–10 caused unparalleled destruction, especially in the present-day Sumida Ward, where Takagi-san lived as a child. The raids, which began in the Japanese capital in the middle of the night, lasted over two hours, resulting in the deaths of more than 100,000 people, mostly non-combatants, as well as the obliteration of approximately 270,000 houses. The US military, aiming to launch air raids in March, the month of strong spring winds in Japan, had succeeded in developing powerful incendiary bombs to efficiently destroy Japanese houses, most of which were made of wood. The devastation is comparable to that caused by the atomic bombs dropped on Hiroshima and Nagasaki. A monument in Sumida dedicated to the victims serves as a reminder that today's peace and prosperity were built based on their sacrifices.

太平洋戦争では、1944年11月から1945年8月まで、アメリカのB-29爆撃機による壊滅的な空襲が相次ぎ、東京は焦土になりました。3月9日から10日にかけて行われた東京大空襲は、特に高木さんが子どもの頃に暮らした現在の墨田区に未曽有の被害をもたらしたのです。日本の首都で深夜に始まった空襲は2時間を超え、非戦闘員を中心に10万人以上が死亡し、約27万棟の家屋が焼失することになりました。米軍は、日本で強風の吹く3月に空襲を狙い、木造が大半の日本家屋を効率よく破壊するための強力な焼夷弾の開発に成功していたのです。その惨状は、広島・長崎に投下された原爆による被害に匹敵するものでした。墨田区にある犠牲者の碑は、今日の平和と繁栄がそういった犠牲の上に築かれたことを伝えるものです。

練習　　　　　　　　**EXERCISE**

分詞構文で reconstructed を使って、次の日本語を英訳しましょう。

約1,300年前に再建された法隆寺は、世界最古の木造建築として知られている。

解答例

<u>Reconstructed</u> about 1,300 years ago, the Hōryūji Temple is known as the world's oldest wooden building.

「SVO」を「OSV」にして名詞のカタマリに①

(... bore mute testament to) the great sufferings her family and thousands of others had experienced (...)

彼女の家を始めとする幾多の家族が苦しい思いをしたこと
（を、無言のうちに物語っていた。）

| よくある英作文 | (... showed) her family and thousands of others had experienced great sufferings (...)

SVO の文も名詞のカタマリにできますか？

great sufferings の位置に注目してみよう。

　SVO の文は、OSV にすると名詞のカタマリにできます。この方法で作った名詞のカタマリを、show ではなく be evidence of~（～の証である）という意味の bear testament to~ の目的語にしています。「雄弁に物語る」であれば、bear eloquent testament to、「無言のうちに物語る」であれば bear mute testament to になります。

EX. 時事英語での使用例

Many of the inscriptions bear testament to <u>the fondness these people had for Afghanistan</u>. (*The New York Times*)

碑文には、彼らがアフガニスタンを愛していたことを物語るものが多い。

COLUMN

Ishiwata Hisaya, one of my great-uncles, was to die in action as a kamikaze pilot. Thankfully, the war ended the day before the fateful day, his life mercifully spared. He then decided to serve his country as a law-enforcement officer, later becoming the first chief of the Narita International Airport Police Station. Uncle Hisaya, who saw in me some qualities that set me apart from other kids, would often buy me books—treasures in my early elementary school years. Among them was a biography of Miyamoto Musashi, a master swordsman he respected as a Japanese fencer. I remember as if it were only yesterday that exchanging words about Musashi's great deeds brought a smile to his face. Eventually, I went on to attend his alma mater, pursuing a career as a translator. Had he died in the war as planned, I would not be where I am today. My current linguistic prowess owes much to my great-uncle, who saw my aptitude for language.

私の大叔父の石渡久弥は、特攻隊員として戦死する運命にありました。 ありがたいことに、運命の日の前日に終戦を迎え、 幸いにも一命を取り留めたのです。 そして警察官として国に尽くすことを決意し、 後に初代成田国際空港警察署長に就任します。 私には他の子どもとは違うところがあると思った大叔父は、 よく本を買い与えてくれました。 小学校低学年だった私にとっては宝物でした。 その一つに、 彼が剣道家として尊敬していた剣豪、 宮本武蔵の伝記があります。 武蔵の偉業について言葉を交わすと、 久弥おじさんの顔がほころんだのを昨日のことのように覚えています。 やがて私は彼の母校に進学し、 翻訳者の道を歩むことになりました。 もし大叔父がそのまま戦死していたら、 今の私はなかったことでしょう。 現在の私の語学力は、 大叔父にその適性を見抜いてもらえたお陰でもあるのです。

練習　　　　　　　　　EXERCISE

SVO を OSV にして名詞のカタマリにしましょう。

1. I bought <u>the laptop</u> two years ago.
2. The guerrilla bought <u>those lethal weapons</u> from an anonymous source.

(解答例)

1. <u>The laptop</u> I bought two years ago
2. <u>Those lethal weapons</u> the guerrilla bought from an anonymous source

「inspire」の使い方

My intense desire to translate this story into English inspired me to write to her.

この物語を英訳したいという思いが強まり、 高木さんに手紙を書きたくなった。

| よくある英作文 | My desire to translate this story into English became intense, so I wanted to write to her.

> Cの形容詞をSにつければ名詞のカタマリになりますね。

> このパターンにも慣れてきたかな？

STEP 1　CをSにつける。 …My desire became intense ⇒ My intense desire
STEP 2　make OC を繋ぐ。 …<u>made</u> me <u>want to write</u> to her
STEP 3　動詞の書きかえ。 (⇒ inspire~ to V) …<u>inspired</u> me <u>to write</u> to her

英英辞典 COBUILD では、inspire は "If someone or something inspires you to do something new or unusual, they make you want to do it." と定義されています。motivate、stimulate、encourage の類義語です。

EX. 時事英語での使用例

In the absence of any large-scale conflicts between national armies, what events might <u>inspire</u> an American <u>to leave</u> for the Great White North today? (*The Economist*)

国軍同士の大規模な戦闘がない今日、 アメリカ人はどんな出来事がきっかけでカナダに向かいたくなるのだろうか。

COLUMN

The widespread use of smartphones means fewer opportunities to write letters. The days when I sent letters to my loved ones, eagerly awaiting their replies, remain etched in my mind as fond memories. During my time as a postgraduate student in England, the letters from family and friends that arrived in the mailbox brought me solace when my studies away from home left me exhausted. Today, the advent of social media platforms, which enable instant gratification of the desire to connect with others, may have made such an experience a relic of a bygone era for many. However, letters can still serve as an oasis to soothe my parched soul in my hectic life. I teach at a prep school in the Tokyo metropolitan area, where some of my students who have successfully passed their university entrance exams hand me heartwarming letters. They never fail to bring tears to my eyes.

スマートフォンが普及し、 手紙を書く機会が少なくなりました。 大切な人に手紙を送って、その返事を心待ちにしていた日々は、 懐かしい思い出として私の脳裏に刻まれています。 イギリスの大学院に留学していた頃、 郵便受けに届く家族や友人からの手紙が、 異国での勉強に疲れた私を癒してくれました。 現在は SNS が発達し、 人と繋がりたいという欲求をすぐに満たせるので、 そんな経験が過去のものとなってしまった人も多いのかもしれません。 しかし、 手紙は多忙な日々を送る私にとって、 今でも乾いた心を癒すオアシスになってくれます。 私は首都圏の予備校で講師をしており、 合格した生徒たちから心温まる手紙をもらうことがあるのですが、 そうするときまって涙ぐんでしまいます。

 練習　　　　　　　　**EXERCISE**

「inspire」「motivate」「stimulate」のいずれかを使って、次の日本語を英訳しましょう。

1．母の例に倣って、彼女は医者になりたいと思った。
2．この本を読んで、タイ語が勉強したくなった。
3．彼が成功するのをみて、もっと頑張りたくなった。

（解答例）

1. Her mother's example <u>inspired</u> her to become a doctor.
2. This book <u>motivated</u> me to study Thai.
3. His success <u>stimulated</u> me to work harder.

「the fact that」の使い方

The fact that I was a total stranger from the country that had bombed and killed her family made me wonder (...)

私は自宅を爆撃し家族を奪った国から来た赤の他人だったため、（どんな反応が返ってくるのか）わからなかった。

| よくある英作文 | I was a total stranger from the country that had bombed and killed her family, so I wonder (...)

 今回は、よくある英作文を名詞のカタマリにするのは無理です…。

そのためのテクニックをもう一つ覚えよう！

the fact that SV にすれば、様々な文を名詞のカタマリにできます。

STEP 1 The fact that I was a total stranger from the country (...) を S にする。
STEP 2 so I wonder を made me wonder にして VOC にする。

The fact that SV を使うと簡単に名詞のカタマリが作れるのですが、主部が長くなってしまうので、使いすぎは禁物です！

EX. 時事英語での使用例

The fact that Japan's economy shrank by 1.6% in the second quarter on an annualised basis adds to the concerns. (*The Economist*)

第2四半期に日本経済が年率換算で1.6%縮小したことも、懸念材料となっている。

COLUMN

Before the coronavirus pandemic plunged the world into turmoil, I often visited Taiwan to see one of my graduate school classmates. On my first visit to her family home in the capital city of Taipei, the sight of her stern-looking grandfather puffing on a cigarette called Mild Seven came into my eyes. Upon hearing my timid greetings in Taiwanese, he said in fluent Japanese, "Thank you very much for coming all the way from Japan. Please have a seat." His kindness deeply touched me, as he had witnessed first-hand Taiwan's troubled history under Japan's 50-year colonial rule, followed by the oppressive regime of Chiang Kai-shek of the Kuomintang. May peace prevail in Formosa despite constant threats from its gigantic neighbor.

コロナウイルスのパンデミックが世界を混乱に陥れる前は、 大学院の同級生に会いに、 台湾によく足を運んでいました。 首都台北にある同級生の実家を初めて訪れた時、 彼女の祖父が厳しい顔で、 マイルドセブンというタバコをくゆらせている姿が目に飛び込んできました。 おずおずと台湾語で挨拶すると、 流暢な日本語で 「日本からはるばるお越しいただきありがとうございます。 どうぞ、 お座りください」 と言ってくれたのです。 日本の 50 年にわたる植民地支配、 その後の国民党の蒋介石による圧政という、 台湾の苦難の歴史を目の当たりにしてきた彼の優しさがいっそう心にしみました。 巨大な隣国の脅威に常にさらされている台湾が平和でありますように。

✏ 練習 **EXERCISE**

「The fact that」 を使って、 次の英文を書きかえましょう。
When Japan imposed diplomatic and economic sanctions against the country, many were surprised.

(解答例)

The fact that Japan imposed diplomatic and economic sanctions on the country surprised many.

* Japan's diplomatic and economic sanctions on the country surprised many. とも言えます。 The fact that に頼りすぎないようにしましょう。

動詞から名詞に書きかえるメリット

Her thoughtful reply thus came as a pleasant surprise to me.

そのため心のこもった返信があったことに驚き嬉しくなったのだ。

| よくある英作文 | She sent me a thoughtful reply, so I was pleasantly surprised.

surprise を動詞で使う→名詞にするという形で書こう。

STEP 1 名詞のカタマリを S にする。…Her thoughtful reply
STEP 2 動詞を繋ぐ。…pleasantly surprised me
STEP 3 名詞に書きかえ。…came as a pleasant surprise to me

A comes as a surprise to B. には、surprise に形容詞をつけることで、様々なニュアンスを加えやすいという利点があります。「非常に驚く」であれば、a great surprise、「驚きはしない」であれば no surprise、「（予想外のことが起こって）良い意味で驚く」であれば a pleasant surprise にできます。

EX. 文学での使用例

On a rainy Sunday, the four driers at the laundromat were bound to be occupied. So it came as no surprise to find four different-colored plastic shopping bags hanging on the door handles. (Murakami Haruki, *Hard-Boiled Wonderland and the End of the World*)

雨の日曜日ということで、コイン・ランドリーの四台の乾燥機はぜんぶふさがっていた。色とりどりのビニール・バッグやショッピング・バッグがそれぞれの乾燥機の把手にかかっていた。

COLUMN

In my third year of university, I had a burning desire to test my language skills in an English-speaking country. While many of my classmates opted to go to the US, my strong inclination to set myself apart from the crowd did not allow me to visit a place where many Japanese went. I thus decided on Ireland, an island nation roughly the same size as Hokkaido. Of all the places I visited on my trip around that Celtic Island, the most memorable was neither the capital city of Dublin nor Union Jack-flagged Belfast, but Sligo, a provincial town loved by the Nobel Prize-winning writer William Butler Yeats. I stayed at a youth hostel, where a group of Irish students invited me to join them. My conversation with them over countless pints of Guinness convinced me of the importance of English (and beer) as a means of international communication.

大学3年生になると、私は自分の語学力を英語圏で試したい気持ちが強まっていました。アメリカを選ぶ同級生が多かったのですが、人と同じことはしたくなかった私は、日本人がよく行くところは避けたかったのです。そこで、北海道とほぼ同じ大きさの島国、アイルランドに足を運んでみることにしました。そのケルトの島を巡った中で一番印象に残ったのは、首都ダブリンでもユニオンジャックを掲げたベルファストでもなく、ノーベル賞作家ウィリアム・バトラー・イェイツが愛した田舎町スライゴです。ユースホステルに泊まると、アイルランドの学生たちが私を仲間に入れてくれました。ギネスビールを何杯も飲みながら会話をしたことで、国際コミュニケーションの手段としての英語（とビール）がどれほど重要なものか実感したのです。

✏ 練習　　　　　　　**EXERCISE**

「come as a surprise」を使って、次の英文を書きかえましょう。

When I learned that he got a perfect score on the TOEIC®, I was not surprised.

（解答例）

His perfect score on the TOEIC® came as no surprise to me.

前置詞句の位置に注目②

My face-to-face meeting with her conjured up in my mind the vivid images of the distorted rabbit and her loved ones.

本人を目の前にすると、歪んだウサギと亡くなった家族の姿が鮮明に脳裏に浮かび上がってきた。

| よくある英作文 | When I met her face-to-face, the vivid images of the distorted rabbit and her loved ones came to mind.

My face-to-face meeting を S にするのが STEP 1 だよ。
続きの STEP 2 から見てみよう。前置詞句の位置に注目するよ!

STEP 2 make OC を繋ぐ。…made the vivid images come to mind

STEP 3 動詞の書きかえ。(make~ come to mind ⇒ conjure up~ in one's mind)

conjure up~ in one's mind(心に呼び起こす)を使います。vivid images の後ろから形容詞句が付いて O が長くなっているので、in my mind を前置します。

EX. 時事英語での使用例

(...) the words "Vietcong hamlet" and "VC arms factory" conjured up <u>in Harkins' mind</u> the Second World War images of a German barracks and a munitions plant. *(The New Yorker)*

「ベトコンの集落」や「ベトコンの武器工場」という言葉を聞いて、ハーキンズの頭の中には、第二次世界大戦中のドイツの兵舎や軍需工場が思い浮かんだ。

練習

前置詞句の位置を変えて読みやすい文に書きかえてみましょう。

He always carries a dictionary he bought in England <u>with him</u>.

(解答例) He always carries <u>with him</u> a dictionary he bought in England.

「render OC」の使い方

Those poignant images rendered me speechless.

その姿に心を揺さぶられて言葉が出てこなかった。

| よくある英作文 | Those images were moving, so I was speechless.

> SVC の C を S に付けて名詞のカタマリにできますね!

Those moving images を S にして書きかえます。エッセイでは extremely moving という意味の poignant が使われています。

STEP 1 SVC の C を S に付ける。…Those moving images

STEP 2 make OC を繋ぐ。…<u>made</u> me speechless

STEP 3 動詞の書きかえ。…<u>rendered</u> me speechless

<u>render OC</u> も「O を C にする」という意味ですが、C には impossible や speechless のような否定的な内容を表す形容詞を使うことが多いです。

EX. 時事英語での使用例

> (...) stage lighting is so technically advanced as to <u>render</u> extensive stage make-up redundant (...) (*The Guardian*)
>
> 舞台照明は、 技術的に非常に進歩していて、 大掛かりな舞台化粧は必要ないほどだ。

練習

「render」を使って次の日本語を英訳しましょう。

その大風のせいで私の傘は全く役に立たなかった。

(解答例) That strong wind <u>rendered</u> my umbrella completely useless.

使役的な「bring」の使い方

Her words brought me to tears.

その（彼女の）言葉を聞いて涙が出た。

| よくある英作文 | When I heard her words, I cried.

 よくある英作文だと、本当に When SV だらけになりますね。
Her words を S にして書いてみます！

STEP 1　名詞のカタマリを S にする。…I heard her words ⇒ Her words
STEP 2　make OC を繋ぐ。…S made me cry.
STEP 3　動詞の書きかえ。(bring~ to tears) …S brought me to tears.

　「A を B の状態に至らせる」という意味の <u>bring A to B</u> は、make OC の書きか
えの1種です。例えば「あの法律が制定されたことで、香港の民主主義運動にピリオ
ドが打たれた」という内容であれば、make OC を使って The enactment of that
law <u>made</u> Hong Kong's prodemocracy movement <u>end</u>. にできますが、<u>made</u>
Hong Kong's prodemocracy movement <u>end</u> の部分を、<u>brought</u> Hong Kong's
prodemocracy movement <u>to an end</u> にすることもできるのです。

EX. 時事英語での使用例

The Cuban economy came close to collapse in the early 1990s, after the
fall of the Soviet Union <u>brought</u> foreign aid <u>to an abrupt halt</u>.

(The Economist)

1990 年代前半、 キューバ経済は崩壊寸前までいった。 ソ連が崩壊し、 海外からの援助
が急遽途絶えてしまったからだ。

Tears play a vital role in maintaining physical health by preventing the eyes from drying out and keeping bacteria and other germs at bay. They also benefit mental health by helping release oxytocin, the happy hormone, while reducing levels of a stress hormone called cortisol and a substance known as manganese, an excessive level of which increases anger and aggression. Thus, shedding tears while watching a tragic drama has a soothing effect on our minds, leading to a good night's sleep. Many cultures may have stigmatized tears, especially men's, as a sign of weakness. However, there is a reason for the ability to cry, which has survived eons of human evolution. Tears, combined with laughter, aid us in living in today's stressful society by facilitating the maintenance of our physical and mental health. That such an intricate function is innate to us should inspire a sense of awe.

涙は、目の乾燥を防いだり、バクテリアなどのバイ菌を寄せ付けないようにしたりして、肉体的な健康を維持するのに重要な役割を担っています。さらに、精神衛生にも良い影響を与えます。幸せホルモンと呼ばれるオキシトシンを分泌させ、ストレスホルモンと呼ばれるコルチゾールや、増えすぎると怒りや攻撃性を高めてしまうマンガンという物質のレベルを下げるのに、一役買っているのです。例えば悲劇的なドラマを観て涙を流せば、心が癒され、よく眠れるようになります。多くの文化では、涙、特に男性の涙は、弱さの象徴というレッテルを貼られてきました。しかし、涙が人類の長い進化の中で生き残ってきたのには理由があるのです。泣いたり笑ったりすることで、ストレスの多い現代社会の中で、心身の健康を保ちやすくなります。このような巧妙な機能が生まれながらにして備わっていることに、畏敬の念を抱かずにはいられないでしょう。

練習　　　　　　　　　　EXERCISE

「bring」を使って、次の日本語を英訳しましょう。
ウクライナは侵略に激しく抵抗し、世界各国の注目を浴びた。

（解答例）

Ukraine's fierce resistance to the invasion has <u>brought</u> the country <u>to the attention</u> of the rest of the world.

複数通りで英語にしてみる①

Some translation projects allow me to feel a sense of accomplishment.

翻訳のプロジェクトが終わると、達成感を味わえることもある。

| よくある英作文 | When I finish some translation projects, I can have a sense of accomplishment.

これまで習った表現を使って書きかえられそうですね。

複数通りの書きかえにチャレンジしてみましょう。基本の make の他にも、enable、give、provide が使えるので、Some translation projects という名詞のカタマリを S にして以下のように書きかえます。

・make it possible for me to feel a sense of accomplishment.
⇒ enable me to feel a sense of accomplishment.
⇒ give me a sense of accomplishment.
⇒ provide me with a sense of accomplishment.

このように、同じ内容でも複数通りの表現が可能です。原則として、英文ライティングでは同じ表現を繰り返さないようにする必要があるので、似たような内容を別の単語で表現できるようにしておきましょう。

EX. 時事英語での使用例

The camp, she said, was also <u>giving</u> her son a sense of accomplishment and confidence. (*The New York Times*)

また、キャンプに参加したお陰で、息子が達成感を味わい、自信を持てていたのだと彼女は言う。

COLUMN

Murakami Haruki once described the work of translation as "the most intense kind of reading." The task of accurately understanding a text written in a foreign language before translating it into your own words demands total dedication, which in turn gives you tremendous pleasure upon its successful completion. My debut in the publishing industry came through the translation of a book titled *Barack Obama and the Victory Speech*, which was published when the first African American President took office. The sight of the fruits of my hard work stacked up in bookshops filled me with a great sense of achievement. Little did I know at the time that 14 years later, I would be working on a book with its author, Professor James M. Vardaman.

村上春樹は、翻訳という作業を「最も濃密な読書」と表現しました。外国語で書かれた文章を正確に理解し、自分の言葉に置き換えていく作業には、ひたむきな努力が必要ですが、その分、無事に出来上がった時の喜びもひとしおです。アフリカ系アメリカ人初の大統領の就任を期に出版された『オバマ勝利の演説』という本の翻訳で、私は出版業界にデビューしました。店頭に並べられた自分の作品を見た時は、大きな達成感に浸ったものです。その14年後に、その著者のジェームス・M・バーダマン教授と一緒に本を執筆することになるとは、当時は思いもよりませんでした。

練習　　　　　EXERCISE

「make」「enable」「give」「provide」を使って、次の日本語をそれぞれ英訳しましょう。

この本を読んだら、私はその答えがわかった。

（解答例）

・This book <u>made</u> it possible for me to find the answer.
・This book <u>enabled</u> me to find the answer.
・This book <u>gave</u> me the answer.
・This book <u>provided</u> me with the answer.

複数通りで英語にしてみる②

The publication of *The Glass Rabbit* filled me with gratitude.

『ガラスのうさぎ』 が出版された時にあふれてきたのは感謝の気持ちだった。

| よくある英作文 | When *The Glass Rabbit* was published, I was filled with gratitude.

> 名詞のカタマリを S にして書きかえる型は、だいぶ使えるように
> なってきたと思います。

> 動詞のバリエーションを増やせると良いね。
> 今回も make の他にも、 fill、 flood で書いてみよう。

· The publication of *The Glass Rabbit* made me filled with gratitude.

⇒ The publication of *The Glass Rabbit* filled me with gratitude.

⇒ The publication of *The Glass Rabbit* flooded me with gratitude.

made me filled は filled me にできます。ここでは fill A with B で A を B(という感情) で満たすという意味です。fill を flood にすると意味が強まります。

EX. 時事英語での使用例

But being a kidney donor has also strengthened my relationship with my partner, <u>filled me</u> with gratitude to see his vitality renewed, and given us an extra holiday to celebrate (...) *(HuffPost)*

しかし、 腎臓を提供することで、 パートナーとの関係が深まり、 彼が元気になった姿を見て感謝の気持ちでいっぱいになり、 祝うべき休日が増えたのです。

In the past, machines could at best produce bizarre translations. For example, machine translation of a Japanese folktale could only make a chuckle-inducing result. However, the 21st century has witnessed a remarkable development in machine translation. To be sure, AI translation may not have reached a point where it can be deemed perfectly reliable, with some positive sentences sometimes turning into negative ones, and so on. However, there have been more than a few instances where machine-translated sentences seem superior to my own. Exponential progress in artificial intelligence might one day enable machines to outperform human translators in most aspects. My raison d'être as a translator might be questioned, just as it was for portrait painters when photography was invented.

以前であれば機械は、 奇天烈な翻訳をするのが精一杯でした。 例えば、 日本の昔話を機械翻訳すると、 思わず笑ってしまうような結果しか得られなかったのです。 しかし、 21 世紀に入ってから、 機械翻訳は目覚ましい発展を遂げています。 確かに、 AI 翻訳は、 肯定文が否定文に変わってしまうなど、 まだ完全に信頼できるレベルには至っていません。 しかし機械が翻訳した文の方が、 私のものよりも優れていると思われる例も少なからずあります。 人工知能が飛躍的に進歩すれば、 ほとんどの面で機械が人間の翻訳者を凌駕する日がやって来るかもしれません。 写真が発明された時の肖像画家のように、 翻訳者としての存在意義が問われかねないのです。

 練習 　　　　**EXERCISE**

「make」「fill」「flood」 を使って、次の日本語をそれぞれ英訳しましょう。

彼に長女が生まれて、 私は嬉しかった。

解答例

· The birth of his first daughter <u>made</u> me happy.
· The birth of his first daughter <u>filled</u> me with happiness.
· The birth of his first daughter <u>flooded</u> me with happiness.

「名詞 to V」という名詞のカタマリを活かす

her determination to share her tragedy with the rest of the world

彼女が世界に自らの悲劇を伝える決意をしてくれたこと

| よくある英作文 | She determined to share her tragedy with the rest of the world.

> 名詞のカタマリを使いこなすと、表現の幅が広がるよ。

　名詞のカタマリは、例えば、エッセイの the publication of *The Glass Rabbit* filled me with gratitude toward Takagi-san for <u>her determination to share her tragedy with the rest of the world</u>. のように前置詞の目的語として文に組み込むことができます。また、主語として使って、Her determination to share her tragedy with the rest of the world deeply moved me. のような英文を書くこともできます。

EX. 時事英語での使用例

Italians' <u>determination to prevent</u> change can be awesome. Both the government advisers behind employment law reforms were assassinated (...) *(The Guardian)*

イタリア人の変化を食い止めようとする意志は凄まじいものになり得る。雇用法改革を推進した政府顧問は 2 人とも暗殺されてしまったのだ。

練習

「名詞 to V」のカタマリを作って、次の英文を書きかえましょう。
She refused to help us, so we were deeply disappointed.

（解答例）Her <u>refusal to help</u> us deeply disappointed us.

POINT 21

逆転の発想：肯定文の内容を否定文で表す

The anniversary in March never fails to make me bow and silently thank her.

毎年３月の記念日になると、必ず高木さんに頭を下げて、心の中で感謝するのである。

| よくある英作文 | On the anniversary in March, I always bow and silently thank her.

> On を取って The anniversary を S にできますね。

　名詞のカタマリを作って make OC を繋いだら、他に書きかえる方法がないか考えてみましょう。ここでは、always V を never fail to V にすると、The anniversary in March never fails to make me bow and silently thank her. になります。「常に」という意味の without fail を使って、On the anniversary in March, without fail, I bow and silently thank her. にすることもできます。

EX. 時事英語での使用例

Milton Friedman, a Nobel-prizewinning economist, argued that printing money could never fail to boost the economy. *(The Economist)*

ノーベル経済学賞を受賞したミルトン・フリードマンは、紙幣を印刷すれば必ず景気が良くなると主張した。

練習

「never fail」を使って次の日本語を英訳しましょう。

彼は難しい数学の問題を一瞬で解いてみせるので、いつも驚いてしまう。

（解答例）His ability to solve difficult math problems in an instant never fails to amaze me.

CHAP. 4

Advanced Level #2

Advanced Level #3

English and Japanese

これまでと同じ要領で、次のエッセイを見ていきま
しょう。無生物主語に make OC を繋いで文を作
り、さらに make 以外の動詞を使って書きかえる
手順にも、大分慣れてきたのではないでしょうか。
この Chapter ではさらにいろいろな表現を学んで、
ライティングの技術に磨きをかけていきましょう！

English and Japanese

[1]Profound differences between English and Japanese make it extremely difficult for native speakers of one to learn the other. The US State Department's Foreign Service Institute [2]ranks Japanese as one of the five "super-hard" languages for native speakers of English. While the acquisition of Spanish [3]requires [4]750 hours of instruction over 30 weeks, that of Japanese takes 2,200 over 88. The reverse also holds true: English [5]presents formidable challenges for Japanese students.

My nearly ten years of studying European languages, [6]including Latin, Classical Greek and Spanish, did not [7]prepare me to learn Japanese[8], a language that fundamentally differs from all of them. For instance, English finds the pronoun "you" sufficient for addressing everyone in any relationship with the speaker, [9]even for former US President Barack Obama. In contrast, Japanese has various second-person singular pronouns, the proper use of which [10]depends on the speaker's relationship with the other party. [11]Still more baffling is the absence of subjects and objects in many Japanese sentences. [12]"Aishiteiru," the Japanese equivalent of "I love you," contains neither "I" nor "you," confusing the uninitiated as to who loves whom. Although such differences at first [13]eluded me, my postgraduate

英語と日本語

　英語と日本語には途方もない違いがあり、一方を母語とする人が他方を習得するのは困難を極める。米国国務省外交官養成局では、日本語は英語を母語とする人にとって「超難関」5言語の一つに挙げられている。スペイン語を習得するには30週間にわたって750時間の授業を受ける必要があるのに対し、日本語の場合には88週間で2,200時間の授業が求められている。逆もまた然りだ。日本人の学生が英語を学ぶのは非常に難しいことなのだ。

　私はラテン語、古典ギリシャ語、スペイン語など、10年近くヨーロッパの言語を勉強したのだが、日本語を学ぶ準備にはならなかった。そのいずれとも別物だったからだ。例えば、英語であれば、話し手とどんな関係にある人でも「you」という代名詞で事足りる。相手がオバマ元米国大統領の場合でさえも同じだ。これに対し、日本語には様々な二人称単数代名詞があり、適切に使いたければ、話し手と相手との関係を考慮に入れる必要がある。さらに不可解なのは日本語の文に主語や目的語がないことが多いことだ。「I love you.」という意味の「愛している」には「私」も「あなた」もなく、誰が誰を愛しているのか、初学者は混乱してしまう。そのような違いは私にも当初理解し難いものだったが、ハワイ大学大学院での翻訳プロジェクトを通じて、少しずつではあるが日本語への理解を深めていくことができた。

　このように苦労したからこそ、日本の大学生を教えるという気が遠くなるような作業に対して準備ができた。早稲田という日本屈指の名門私立大学の学生はその一例だ。早稲田の学生は、難関の入試を突破したのだから、他の多くの日本の大学生よりも相当

translation projects at the University of Hawai'i enabled me to deepen my appreciation of the Japanese language, ⑭albeit gradually.

This struggle ⑮readied me for the daunting task of teaching college students in Japan, including those at Waseda, one of the country's ⑯elite private universities. Some may assume that its students, who ⑰successfully passed their challenging entrance exams, should ⑱have a considerable advantage over those at many other Japanese universities. However, a short conversation instantly reveals that most of them suffer the same difficulties as ⑲their counterparts elsewhere in Japan. Their ⑳inability to express themselves in English ㉑stems partly from their overdependence on word-for-word translation. My own efforts to learn Japanese have ㉒played a pivotal role in identifying such underlying causes to provide effective feedback.

When Japanese students struggle to climb the steep mountain of the English language, their fear of falling often ㉓leads them to cling desperately to the alpenstock of their mother tongue. However, occasional stumbles ㉔help learn important lessons to achieve mastery of the world's lingua franca. I hope ㉕my long-time dedication to teaching has ㉖aided them in overcoming their excessive fear of mistakes in their desperate attempt to reach the beautiful summit.

(387 words)

有利なはずだと思う人もいるかもしれない。しかし、少し会話を
すれば、日本の他のところの学生と同じように苦労していること
がわかる。英語で自己表現できないのは、逐語訳に頼りすぎるこ
とが一因となっている。私自身が日本語を習得するのに努力した
からこそ、そのような根本的な原因を突き止めて、効果的なフィ
ードバックができたのだ。

　英語という険しい山を必死になって登ろうとすると、学生たち
は転ぶことを恐れて、母語という杖に必死にしがみついてしまう
ことが多い。しかし、時折つまずくことで、世界の共通語である
英語を習得するための重要な教訓が得られるのだ。私が長年懸命
に指導してきたことで、学生たちが必死になって美しい頂上を目
指す中、過剰なまでに失敗を恐れる気持ちを克服する一助となれ
たのであれば幸いである。

01

「There 構文」に頼りすぎない①

Profound differences between English and Japanese make it extremely difficult for native speakers of one to learn the other.

英語と日本語には途方もない違いがあり、一方を母語とする人が他方を習得するのは困難を極める。

| よくある英作文 | There are profound differences between English and Japanese, so it is extremely difficult for native speakers of one to learn the other.

「There 構文」を名詞のカタマリにする方法を学んでいこう。
There be の後ろの名詞を直接 S にできるよ。

STEP 1 名詞のカタマリを S にする。…Profound differences

STEP 2 make OC を繋ぐ。

…make it extremely difficult for native speakers of one to learn the other

EX. 時事英語での使用例

While more people are leaving Greece as the economy worsens, <u>greater language and cultural barriers</u> make it harder for Greeks to move easily to Germany or Italy (...) *(The New York Times)*

経済の悪化に伴い、ギリシャを離れる人が増える一方、大きな言葉や文化の壁があるため、ギリシャ人はドイツやイタリアに簡単には移住できないのだ。

練習

「There」を使わずに次の日本語を英訳しましょう。

過密スケジュールで、私はそのミーティングに参加したくなくなった。

(解答例) <u>My tight schedule</u> discouraged me from attending the meeting.

02

「rank A as B」（AをBと評価する）の使い方

The US State Department's Foreign Service Institute ranks Japanese as one of the five "super-hard" languages for native speakers of English.

米国国務省外交官養成局では、日本語は英語を母語とする人にとって「超難関」5言語の一つに挙げられている。

| よくある英作文 | According to the US State Department's Foreign Service Institute, Japanese is one of the five "super-hard" languages for native speakers of English.

> According to 名詞の場合も、名詞を直接 S にできるよ。

STEP 1 前置詞＋名詞の前置詞を取って S にする。

…The US State Department's Foreign Service Institute

STEP 2 動詞を繋ぐ。…S thinks that Japanese is one of~.

STEP 3 動詞の書きかえ。(think that SV ⇒ regard A as B / rank A as B)

…ranks Japanese as one of~

EX. 時事英語での使用例

The World Economic Forum consistently <u>ranks</u> Japan <u>as</u> one of the world's worst nations for gender equality at work. *(The Guardian)*

世界経済フォーラムでは、日本は常に、職場での男女平等が最も進んでいない国の一つとされている。

練習

「rank」を使って、次の日本語を英訳しましょう。

スッタケは日本一の寿司職人という評価を受けている。

(解答例) Suttake <u>is ranked as</u> Japan's best sushi chef.

「A するには B が必要」という表現

> **While the acquisition of Spanish requires 750 hours of instruction over 30 weeks, that of Japanese takes 2,200 over 88.**
>
> スペイン語を習得するには 30 週間にわたって 750 時間の授業を受ける必要があるのに対し、日本語の場合には 88 週間で 2,200 時間の授業が求められている。

| よくある英作文 | To learn Spanish we need 750 hours of instruction over 30 weeks, but to learn Japanese we need 2,200 hours of instruction over 88 weeks.

「To V, we need~.」の連発を避ける方法を学んでいこう。

「A するには B が必要」という内容は、<u>A demands B</u>、<u>A requires B</u>、<u>A takes B</u> などを使うとコンパクトに表現できます。A、B に入る表現は以下の通りです。

A：learn の類義語 acquire を名詞化したものを使って、the acquisition of Spanish と that of Japanese という名詞のカタマリを作る。

B：形容詞につく同じ名詞を省略して、2,200 hours of instruction over 88 weeks を「2,200 over 88」にする。

EX. 時事英語での使用例

Turning a major game from concept into reality <u>demands</u> thousands of hours of work by artists, animators, musicians, actors, writers and directors, as well as computer programmers and technicians. *(The Guardian)*

大作のゲームをコンセプトから現実のものにするには、コンピュータープログラマーや技術者だけでなく、アーティスト、アニメーター、ミュージシャン、俳優、脚本家、ディレクターが何千時間もの作業を行う必要がある。

COLUMN

Approximately 170 years have passed since the 1853 arrival of the four US naval ships led by Commodore Matthew Perry. The intervening years have seen Japan transform into one of the world's leading economic powers. However, the average Japanese person's fluency in the English language seems to remain virtually unchanged. This lack of proficiency in the international language is often blamed on inadequate English education in Japan. It may be imperfect, leaving some room for improvement. Nevertheless, a staggering linguistic distance between English and Japanese means that even the best education alone would never translate into a dramatic increase in English proficiency among Japanese students. Teachers are to foreign language acquisition what gym instructors are to muscle training. Improving English skills requires dedicated effort outside school based on the fundamentals learned in class.

1853 年、マシュー・ペリー提督率いる4隻のアメリカの軍艦が来航してから、おおよそ 170 年が過ぎました。この間、日本は世界有数の経済大国へと変貌を遂げました。しかし日本人の平均的な英語力はほとんど変わっていないように思えます。このように英語力が低いのは、英語教育がきちんと行われていないせいだとよく言われます。確かに完璧ではなく、改善の余地もあります。しかし、英語と日本語の間には途方もない言語距離があるので、最高の教育が行われたとしても、それだけで日本人学生の英語力が飛躍的に向上することはないでしょう。外国語習得における教師は、筋トレにおけるインストラクターのようなものです。英語力の向上には、授業で学んだ基礎知識をもとに、学外で懸命に努力することが求められるのです。

✎ 練習　　　　　　　　**EXERCISE**

「demand」を使って次の日本語を英訳しましょう。
外国語習得で成功するには、辛抱強くならないといけない。

(解答例)
Success in foreign language acquisition <u>demands</u> patience.

数字を挙げて内容を具体化する

The acquisition of Spanish requires 750 hours of instruction over 30 weeks.

スペイン語を習得するには 30 週間にわたって 750 時間の授業を受ける必要がある。

 数字が具体的に書かれていると、イメージができて
わかりやすくなりますね!

前に述べた内容を数字で具体化するのはとても大切なことだよ。
覚えておこう!

　例 え ば、My nephew Koki, a high school senior, is known as the second tallest kid in his school. と書いた時、その後に 185 centimeters という具体的な数字を含む文を付け加えると、説得力が増します（実話です）。

EX. 時事英語での使用例

South Korea's economy remains much smaller than that of its former coloniser, which is home to more than twice as many people. Its GDP per person, measured at market exchange rates, is still <u>21%</u> smaller.

(*The Economist*)

韓国の経済規模は、かつて自国を植民地化した 2 倍以上の人口を抱える国（日本）より、今も格段に小さい。 一人当たりの GDP は、 市場相場で計測すると、 まだ 21%少ないのである。

COLUMN

A heightened awareness of numbers in everyday life can help enhance the persuasive power of speaking and writing. Yet many English learners seem to be ignorant of, or uninterested in, the statistics around them. I teach at schools in the Tokyo metropolitan area, where many of my students are hard-pressed to answer my questions about basic figures. Some do not even know that Tokyo has a population of about 14 million. The inability to write a decent essay often stems from a lack of knowledge as well as from poor English language proficiency itself. It is, therefore, essential to hone both to improve one's fluency.

日常生活の中で統計への意識が高まると、 話したり書いたりする際に説得力が増すことに繋がります。 しかし、 身の回りの統計について知らなかったり、 興味がなかったりする英語学習者が多いように思われます。 私は首都圏の学校で教えていますが、 基本的な統計について聞いても、 答えに窮してしまう学生が多いのです。 東京の人口が約 1,400 万人であることさえ知らない学生もいます。 エッセイがきちんと書けないのは、 ただ英語力が低いだけでなく、 知識が足りないことが原因となっていることも少なくありません。 ですから、 流暢になるには、 どちらも磨くようにすることが肝心なのです。

✎ 練習　　　　　　　**EXERCISE**

以下の英文に続けて、「2022 年には人口が 1,400 万人を超えている。 ギリシャやスウェーデンのようなヨーロッパ諸国の人口が 1,000 万人をわずかに超える程度であることを考えると、 非常に大きな数字だ。」 と英語で書きましょう。

Tokyo ranks as one of the largest cities in the world

（解答例）

, with a population of over 14 million in 2022. This is a staggering number, considering that the populations of European nations such as Greece and Sweden barely exceed 10 million.

「difficult」や「difficulty」を使わずに難しさを表す

English presents formidable challenges for Japanese students.

日本人の学生が英語を学ぶのは非常に難しいことなのだ。

| よくある英作文 | It is very difficult for Japanese students to learn English.

> Learning English is very difficult for Japanese students.
> にはできます。

A is difficult for B. をさらに書きかえられるよ。

A is difficult for B. の言いかえの一つが、<u>A presents a challenge for B.</u> です。「いろいろ大変だ」のニュアンスなら、複数形の challenges を使います。

STEP 1 Learning English <u>is very difficult for</u> Japanese students.

STEP 2 Learning English <u>presents formidable challenges for</u> Japanese students.

enormous、significant、formidable などの形容詞で challenge を強められます。

EX. 時事英語での使用例

Flagging potentially threatening tweets and blocking them from being published would <u>present a formidable technological challenge.</u> *(The Economist)*

脅迫の可能性があるツイートにフラグを立て公開を阻止するのは、極めて技術的に困難だろう。

It may present formidable challenges for Japanese students to learn English, a language which fundamentally differs from their mother tongue. But the inherent difficulties of its acquisition make the effort all the more worthwhile. My years of dedication to the English language have opened the door to interacting with numerous people from across the world whose paths I would not otherwise have crossed. I participated in 2005 World Exposition, Aichi, Japan, where I interpreted presentations by some renowned scientists. Among them was Dr. Harrison Schmidt, a Harvard-educated geologist who landed on the moon on the 1972 Apollo 17 mission. His moving speech at the banquet following their presentations included a line that went, "We would not have had the success we have today without Takeshi properly translating for us. My heartfelt thanks go to him for his great service." The Native American pottery he gave me there never fails to bring back his words, "See you on the other side."

日本語とはありとあらゆる面で違う英語を修得するのは、 日本人学生にとって確かにとても難しいことです。 しかし、 難しいからこそ、 頑張る価値があるのです。 長年にわたって英語と向き合ってきたことで、 普通なら決して接することがないような世界中の多くの人々と交流することができました。 2005 年に参加した愛知万博では、 著名な科学者の講演の通訳をしました。 その 1 人が、 1972 年のアポロ 17 号のミッションで月に降り立ったハーバード大学出身の地質学者、 ハリソン・シュミット博士です。 博士は講演後の晩餐会での感動的なスピーチで、 「タケシがきちんと通訳してくれなかったら、 今日の成功はありませんでした。 大きな貢献をしてくれたことに心から感謝したいと思います」 と言ってくれました。 その時博士にもらったネイティブアメリカンの焼き物を見ると、 「反対側（あの世）で会いましょう」 という彼の言葉がいつも頭に浮かんできます。

 練習　　　　　　　**EXERCISE**

「present a challenge」 を使って次の日本語を英訳しましょう。
新任教師を採用することは、 多くの学校にとって非常に難しい課題です。

(解答例)

The recruitment of new teachers <u>presents a</u> formidable <u>challenge</u> for many schools.

POINT

06

「including」を使った例示

My nearly ten years of studying European languages, including Latin, Classical Greek and Spanish (...)

ラテン語、古典ギリシャ語、スペイン語など、10 年近くヨーロッパの言語を勉強した（のだが ...）

| よくある英作文 | I studied European languages for nearly ten years. For example, Latin, Classical Greek and Spanish.

My nearly ten years of studying European languages という名詞のカタマリの後ろに including を足せますね!

For example, SV. の代わりに名詞のカタマリの後ろに such as や including を使って例を足しましょう。この場合、languages の後ろに、including Latin, Classical Greek and Spanish を足します。

EX. 時事英語での使用例

The rate of obesity among its boys is the highest in Latin America, and among girls it is the third-highest. This has been linked to various causes, including excessive eating of beef. (*The Ecconomist*)

そこの（アルゼンチンの）男子の肥満率はラテンアメリカで最も高く、女子の場合は 3 番目に高い。これにはいろいろな原因が関わっているのだが、牛肉の過剰摂取もその一つである。

練習

「including」を使って、次の日本語を英訳しましょう。
日本にはソニーやトヨタなどの世界的な企業もある。

解答例 Japan is home to some major global companies, <u>including</u> Sony and Toyota.

POINT

07

「無生物主語＋prepare」の使い方

My nearly ten years of studying European languages did not prepare me to learn Japanese.

10 年近くヨーロッパの言語を勉強したのだが、日本語を学ぶ準備にはならなかった。

| よくある英作文 | I studied European languages for nearly ten years, but I was not ready to learn Japanese.

 前半は POINT 06 で作った S に make OC を続けられますね。

STEP 1　名詞のカタマリを S にする。

STEP 2　make OC を繋ぐ。…did not make me ready to learn

STEP 3　動詞の書きかえ。(make~ ready ⇒ prepare~)

　　　　…did not prepare me to learn

make it easier for me to learn や help me (to) learn なども使えます。

EX. 時事英語での使用例

Everything in his life experience <u>prepared</u> him to be the president who would take on the big challenge of the 21st century: rising income inequality and the hollowing out of the middle class. (*The New York Times*)

それまでの人生経験が全て積み重なって、所得格差の拡大と中産階級の空洞化という 21 世紀の難題に挑む大統領になるための準備が整ったのだ。

練習

「prepare」を使って、次の日本語を英訳しましょう。

私は海外で経験を積んだお陰でこの大手商社で働く準備ができたのだ。

(解答例) My overseas experience <u>prepared</u> me to work for this major trading house.

CHAP. 5 Advanced Level #3

同格のカンマで理由を表す

(did not prepare me to learn Japanese), a language that fundamentally differs from all of them.

（日本語を学ぶ準備にはならなかった。）そのいずれとも別物だったからだ。

| よくある英作文 | because it is a language that fundamentally differs from all of them.

> 非制限用法の関係代名詞を使って理由を表せるんだったね。

<u>because it is</u> a language を <u>, which is</u> a language にした後 which is を省略して , a language にします。「同格のカンマ＋名詞」が前の節の理由を表します。

EX. 時事英語での使用例

Fifteen years ago Ireland was deemed an economic failure<u>, a country</u> that after years of mismanagement was suffering from an awful cocktail of high unemployment, slow growth, high inflation, heavy taxation and towering public debts. (*The Economist*)

15年前、アイルランドは経済的に失敗したと見なされていた。ずさんな管理が長年続き、高い失業率、低成長、高インフレ、重税、膨れ上がる公的債務という問題が混ざり合って深刻化し、苦境に立たされていたからである。

練習

「because」を使わずに「同格のカンマ」を使ってまとめましょう。

I would like to visit Sapporo because it is a city with reasonably priced seafood dishes.

（解答例）I would like to visit Sapporo, <u>a city</u> with reasonably priced seafood dishes.

09

「even」を使って主張を強める

English finds the pronoun "you" sufficient for addressing everyone in any relationship with the speaker, even for former US President Barack Obama.

英語であれば、話し手とどんな関係にある人でも「you」という代名詞で事足りる。相手がオバマ元米国大統領の場合でさえも同じだ。

 　無生物主語に find OC を使うのは面白いですね。

　find OC とあわせて、even の使い方にも着目しましょう。例えば、I feel so depressed that I don't want to see anyone right now, not <u>even</u> my beloved girlfriend. のように、「落ち込んでいて今は誰にも会いたくない」と言った後に、even を使って「大好きな彼女で<u>さえ</u>も会いたくない」と付け加えると、内容を強調できます。

EX. 時事英語での使用例

For all the talk about responsible fathering and child care, it is still mothers who spend much more of their time looking after children— <u>even</u> during the pandemic, <u>even</u> when both parents are furloughed and <u>even</u> when both are working from home. *(The Economist)*

父親の責任ある育児参加についていろいろと言われてはいるが、子どもの世話にはるかに多くの時間を割いているのは依然として母親だ。パンデミック中でさえも、両親がともに自宅待機の場合でさえも、在宅勤務の場合でさえも。

 練習

「even」を使って、次の英文を強調する内容を続けましょう。

Everyone congratulated me on passing my university entrance exam.

解答例　Everyone congratulated me on passing my university entrance exam. <u>Even</u> Suttake, who I thought was my archrival, praised my success.

「depend on」の使い方

(Japanese has various second-person singular pronouns,) the proper use of which depends on the speaker's relationship with the other party.

（日本語には様々な二人称単数代名詞があり、）適切に使いたければ、話し手と相手との関係を考慮に入れる必要がある。

| よくある英作文 | (Japanese has various second-person singular pronouns,) and if you want to use them properly, you need to consider the speaker's relationship with the other party.

A depends on B. は意外と使いこなせていない気がします。

If someone wants to V, they need to V. の書きかえと考えよう。

If someone wants to V, they need to V. を、A depends on B. で言いかえています。If you want to use them properly, you need to consider the speaker's relationship~ が、The proper use of them depends on the speaker's relationship~ になります。この them は pronouns を指しているので、エッセイの英文では関係代名詞を使って、the proper use of which にしています。

EX. 時事英語での使用例

Our success <u>depends on</u> how well we exploit our most valuable assets: our knowledge, skills and creativity (…) *(The Economist)*

成功したければ、最も価値のある資産である知識、スキル、創造性を最大限に活用する必要がある。

COLUMN

The presence of honorific language in Japanese demands its appropriate use, with a constant awareness of the hierarchical relationship between the speaker and the listener. However, compared to this Asian language, which requires the speaker to change the way of speech simply because the other person is one year older, English allows a lower awareness of their age and status. A textbook example of this is the use of "you" as a second-person pronoun, regardless of the relationship with the other party. The T-V distinction, the employment of pronouns that distinguish various levels of politeness, may exist in English, but the use of the word "thou" is now limited to some dialects and literature. It is this lower hierarchical awareness that makes for friendly relationships. When I interact with one of my mentors, for instance, our 30-year age difference rarely gets in the way of vigorous exchanges of opinions. Perhaps English is the better language when it comes to the ease with which relationships can be built.

日本語には敬語があるため、話し手と聞き手の上下関係を常に意識しながら、適切な言葉を使わなくてはなりません。しかし、相手が1歳年上というだけで話し方を変えなければならないようなこのアジアの言語と比べると、英語の場合は相手の年齢や身分をそれほど意識せずに済むのです。その典型例が、相手との関係にかかわらず、二人称代名詞の「you」が使えることです。確かに敬称と親称の区別は英語にも存在しますが、「thou」という言葉を使うのは今では一部の方言や文学に限られています。このように上下関係への意識が低いため、友好的な関係を築きやすいのです。私が恩師の一人と話をしていても、30歳という年齢差はほとんど気にならず、活発な意見交換ができます。人間関係が築きやすいという点では、英語の方が優れているのかもしれません。

練習　　　　　　　　**EXERCISE**

「depend on」を使って次の日本語を英訳しましょう。

私たちが勝利を収めるには、団結する必要がある。

（解答例）

Our victory <u>depends on</u> our solidarity.

CVS の倒置（文末焦点）

Still more baffling is (…)

さらに不可解なのは（…）

 baffling は形容詞だから、ここは CVS の倒置ということでしょうか？

 その通り。倒置になっている理由を考えてみよう。

　少年サッカー教室開催の告知をする際に、「講師は、リオネル・メッシ選手、クリスティアーノ・ロナウド選手、そして何と、スッタケ先生です」という順番で紹介したら、子どもたちからどんな反応が返ってくるか容易に想像できますね。最後にくるのは小物ではなく、大物であるべきです。同様に「SVC」の文で「C」よりも「S」を強調したい場合には、「CVS」にします。長い S を後ろに置くことで文のバランスを整える意味合いもあります。

EX. 時事英語での使用例

Western sanctions and promises of action from China have failed to rein in its （引用注—North Korea） nuclear programme. <u>Less remarked upon but perhaps more surprising</u> is that sanctions have also not had much effect on the North Korean economy. (*The Economist*)

西欧諸国が制裁を行い、 中国が行動を約束しても、 北朝鮮の核開発プログラムを抑制できなかった。 指摘されることはさほど多くないのだが、 おそらくそれ以上に驚きなのは、制裁が北朝鮮経済にあまり影響を及ぼしていないことだ。

COLUMN

Upon completion of my postgraduate studies in Bath, a UNESCO World Heritage city, I had a choice between two job offers available to me: one from an interpreting firm located in London and the other from a sports consulting company based in Manchester. The former offered me better conditions, including a higher salary. However, I decided to take the latter without hesitation because the opportunity to be directly involved in the 2002 FIFA World Cup seemed irresistible to me as a former football-kicking kid who idolized Argentine superstar Diego Maradona. At the 2001 FIFA Confederations Cup, I was assigned the job of coordinator for the Cameroon national team, accompanying them for the duration of the tournament. Walking with greats like Samuel Eto'o and Patrick Mboma in the streets of Niigata right after the match remains one of the fondest memories in my professional career.

UNESCO 世界遺産の町バースでの大学院留学を終えた私は、2つの内定先からどちらかを選ぶことになりました。一つはロンドンの通訳会社、もう一つはマンチェスターにあるスポーツコンサルティング会社です。前者の方が給料などの条件は良かったのですが、私は迷わず後者を選びました。子どもの頃にアルゼンチンのスーパースター、ディエゴ・マラドーナに憧れてサッカーボールを蹴っていた私にとっては、2002年 FIFA ワールドカップに直接関われるチャンスはとても魅力的に思えたのです。2001年のコンフェデレーションズカップでは、カメルーン代表のコーディネーターを任され、大会期間中チームに同行しました。試合直後の新潟の街をサミュエル・エトーやパトリック・エムボマのような名選手と一緒に歩いたことは、私のキャリアの中で最高の思い出の一つになっています。

 練習　　　　　　　　**EXERCISE**

「CVS」の倒置を使って、次の英文を書きかえましょう。

Hana overcame numerous difficulties to graduate from the University of Tokyo. The fact that she later passed the bar exam to engage in relief work as a lawyer is even more impressive.

（解答例）

Hana overcame numerous difficulties to graduate from the University of Tokyo. Even more impressive is the fact that she later passed the bar exam to engage in relief work as a lawyer.

「be 動詞」や「接続詞」に頼りすぎずに文を引き締める

"Aishiteiru," the Japanese equivalent of "I love you," contains neither "I" nor "you," confusing the uninitiated as to who loves whom.

「I love you.」という意味の「愛している」には「私」も「あなた」もなく、誰が誰を愛しているのか、初学者は混乱してしまう。

| よくある英作文 | "Aishiteiru" is the Japanese equivalent of "I love you," but it contains neither "I" nor "you," so the uninitiated get confused as to who loves whom.

語彙レベルの高い文を、もう一工夫してさらに引き締めよう。

同格のカンマを使ってSを作ると、"Aishiteiru," the Japanese equivalent of "I love you"。これに動詞を繋いでS contains neither "I" nor "you" とします。so the uninitiated get confused は which confuses the uninitiated、さらに which confuses は confusing the uninitiated にできます。下の引用文では、副詞の thus を加えることで、分詞構文が前節の結果を表すことが明確になっています。

EX. 時事英語での使用例

No other team could offer an already signed player a new contract, <u>thus preventing bidding wars</u> (...) *(The Guardian)*

他チームは契約済みの選手に新しい契約を提示できず、入札競争にはならなかった。

練習

「is」、「but」、「so」を使わずに、次の英文を書きかえましょう。
Suttakeland is a country with abundant natural resources, but it has been ravaged by a bloody civil war, so people cannot utilize them.

(解答例) Suttakeland, a country with abundant natural resources, has been ravaged by a bloody civil war, thereby preventing their utilization.

13

「できない」という内容を肯定文で表す①

such differences at first eluded me, (...)

そのような違いは私にも当初理解し難いものだった（が ...）

| よくある英作文 | At first, I could not understand such differences.

> cannot V を使わずに「V できない」を表すには、
> 「～を超えている」という意味の be beyond~ や defy~ を使おう。

- Such differences <u>were beyond</u> my <u>understanding</u>.
- Such differences <u>defied</u> my <u>understanding</u>.
- Such differences <u>eluded</u> me.

　「A は B を思い出せない、実現できない、理解できない」という内容なら、<u>B eludes A.</u> で端的に表現できます。

EX. 時事英語での使用例

So far, wide readership has <u>eluded</u> him outside Canada. But that may change with the publication of his third and most ambitious novel.

(*The Economist*)

これまでのところ、彼はカナダ国外では広く読者を獲得できていない。しかし、彼の3作目となる最も意欲的な小説が出版されれば、状況は変わるかもしれない。

練習

「elude」を使って、次の日本語を英訳しましょう。

私はこの分野で成功できていない。

(解答例) Success has <u>eluded</u> me in this field.

「albeit」で譲歩を表す

My postgraduate translation projects at the University of Hawai'i enabled me to deepen my appreciation of the Japanese language, albeit gradually.

ハワイ大学大学院での翻訳プロジェクトを通じて、少しずつではあるが日本語への理解を深めていくことができた。

| よくある英作文 | Through my translation projects at the University of Hawai'i Graduate School, I was able to deepen my understanding of the Japanese language.

これは何度もやってきた3ステップで書きかえられました。

それに加えて albeit の使い方をマスターしよう。

STEP 1　名詞のカタマリを S にする。

　　　　…my postgraduate translation projects at the University of Hawai'i

STEP 2　make OC を繋ぐ。…made it possible for me to deepen

STEP 3　動詞の書きかえ。(made it possible for ⇒ enabled)

　この後に続く albeit は、although it be that からできた接続詞です。普通省略節になり、例えば、「タケシの本は予定よりだいぶ遅れたが出版された」という内容であれば、Takeshi's book finally came out, albeit (it came out) much later than planned. になります。

EX. 時事英語での使用例

| (...) the gender balance is improving, <u>albeit</u> slowly. *(The Guardian)*
| 男女のバランスは、ゆっくりではあるが、改善しつつある。

COLUMN

An acquaintance of mine has recently asked me what it is that has enabled me to acquire my writing skills. I am always hard-pressed to give a straightforward answer to such a question, as they are the fruits of my long-term efforts spanning more than 30 years. However, a large part of them seems to come from the numerous books and magazines I have read to be able to write sentences of the same quality. Rather than simply understanding them and calling it done, I have thought about how I would have expressed the same content, attempting to fill in the gaps between my sentences and those written by educated native English speakers. I have been involved in a myriad of translation projects, but the beginning of my career saw seemingly insurmountable differences between my mediocre English translations and their sophisticated rewrites done by a Canadian editor. Thorough comparisons of the two have gradually led to a markedly reduced need for rewrites. Writing is not built in a day.

最近知人の一人に、どうやってライティング力を身につけたのか聞かれました。30年以上にわたって努力してきた結果なので、簡単には答えられません。しかし、本や雑誌を読み漁って、同じような質の高い文章を書くことを目指してきたことが大きいのだと思います。理解できただけで終わりにせずに、同じ内容を自分ならどう表現していたか考え、教養あるネイティブスピーカーの書いた文との差を埋めるように努めてきたのです。これまでたくさんの翻訳プロジェクトに携わってきましたが、駆け出しの頃の自分の英訳はつたなく、カナダ人編集者がうまくリライトしてくれたものを見ると、このレベルには到達できないと思ってしまったこともあります。しかし両者を徹底的に比較することで、徐々にリライトされることも少なくなっていきました。ライティングは1日にしてならずということです。

✎ 練習　　　　　　　　**EXERCISE**

「albeit」を使って次の日本語を英訳しましょう。

両国は一時的ではあるが、休戦に合意した。

(解答例)

The two countries agreed to a truce, <u>albeit</u> temporary.

「無生物主語＋ready」の使い方

This struggle readied me for the daunting task of teaching college students in Japan.

このように苦労したからこそ、日本の大学生を教えるという気が遠くなるような作業に対して準備ができた。

| よくある英作文 | I struggled in this way, so I got ready for the daunting task of teaching college students in Japan.

 これも This struggle を S にした型の書きかえですね。

STEP 1　名詞のカタマリを S にする。…This struggle
STEP 2　make OC を繋ぐ。…made me ready
STEP 3　動詞の書きかえ。（made ready ⇒ readied）

　この Chapter の POINT 07 で学習した prepare の類義語 ready を使った、<u>ready A for B</u> で「A に B の準備をさせる」という意味で使えます。

EX. 時事英語での使用例

No training could have <u>readied</u> me for the experience of being with someone at the point of death. *(The Guardian)*

どんな訓練を受けても、死の淵にいる人に寄り添うという経験の準備にはならなかったろう。

練習

他動詞「ready」と「prepare」を使って次の日本語を英訳しましょう。
このコースを受講したことで、第一志望の大学の入試の準備ができた。

（解答例）This course <u>readied</u> me for the entrance exam to my first-choice university.

This course <u>prepared</u> me for the entrance exam to my first-choice university.

16

使える形容詞のバリエーションを増やす

Waseda, one of the country's elite private universities

早稲田という日本屈指の名門私立大学

| よくある英作文 | Waseda is one of the country's famous private universities.

同格のカンマと、「名門の」という意味の形容詞の elite に注目しよう。

「有名な」という形容詞として famous 以外のものも使えるようにしましょう。例えば「ハーバードは世界屈指の名門大学だ」という内容なら、Harvard is one of the world's most famous universities. にしがちですが、同格のカンマと、elite、leading、prestigious、top などの形容詞を使って Harvard, one of the world's elite universities という名詞のカタマリにできます。

EX. 時事英語での使用例

The rise in online education, specifically massive open online courses, is expanding the number of students a top university can educate.

(*The New York Times*)

オンライン教育、特に大規模公開オンライン講座が増加し、一流大学が教育できる学生数が増加している。

練習

形容詞の使用に注意して、次の日本語を英訳しましょう。

彼は世界屈指の大企業トヨタに就職した。

(解答例) He landed a job with Toyota, one of the world's leading car manufacturers.

「successfully V 過去形」で
「V できた」という内容を表す

---

its students, who successfully passed their challenging entrance exams, (...)

早稲田の学生は、難関の入試を突破したのだから、(...)

| よくある英作文 | because they were able to pass their challenging entrance exams, its students (...)

> its students の後ろに関係代名詞の非制限用法を使って、理由を添えられますね。

> , who の後ろに「突破できた」という内容を続けてみよう。

- who <u>were able to pass</u> their challenging entrance exams
- who <u>managed to pass</u> their challenging entrance exams
- who <u>succeeded in (passing)</u> their challenging entrance exams
- who <u>successfully passed</u> their challenging entrance exams

「頑張って1回だけできた」という内容は「could V」では表せません。上の4つのような表現を使いましょう。「successfully V 過去形」もその一つです。

EX. 時事英語での使用例

One of the butterflies was seen again over two days last week in Holt country park, Norfolk, a sign it <u>successfully hibernated</u> over winter.

(*The Guardian*)

先週、ノーフォークのホルト・カントリーパークで2日間にわたり、その蝶の1匹が再び目撃されたが、これはうまく冬眠できたことを示すものだ。

COLUMN

After graduate school, I worked as an interpreter and translator for a sports consulting firm in the UK, but a twist of fate led me to a teaching position at a preparatory school in Tokyo. Following a football match between Paraguay and Yugoslavia at the National Stadium with a group of colleagues from work, we stopped at a nearby pub, where a gentleman sitting next to our table turned out to be an acquaintance of one of my coworkers. He taught English at a prep school in the Japanese capital, and listening to him piqued my interest in the teaching profession. Working as an English instructor sounded like an exciting way to pass on my skills to students while continuing my translation work. I applied for the job, passed the exam, and ended up teaching there, despite my rather naughty looks, which did not conform to the stereotypical image of a teacher. The mere thought that I might never have taught English or written a book like this had I not met the senior instructor makes me grateful for that chance encounter.

大学院修了後、イギリスのスポーツコンサルティング会社で通訳・翻訳を担当した後、縁あって東京の予備校で教鞭をとることになりました。 会社の同僚と国立競技場でパラグアイ対ユーゴスラビアのサッカーの試合を観戦し、 近くのパブに立ち寄ったところ、 隣のテーブルに座っていた男性が同僚の知人であることがわかりました。 彼は日本の首都にある予備校の英語科講師だったのですが、 彼の話を聞いているうちに講師という職業に興味を持つようになったのです。 翻訳の仕事を続けながら、 自分のスキルを学生たちに伝えることができたら、 とても面白いのではないかと考えました。 応募して試験に合格し、 ステレオタイプな教師像とはほど遠いちょっとやんちゃそうな風貌ながら、 教壇に立つことになったのです。 あの時先輩に出会っていなければ、 英語を教えることも、 このような本を書くこともなかったかもしれないと思うだけで、偶然の出会いに感謝したくなります。

 練習　　　　　　　　**EXERCISE**

「successfully」を使って次の日本語を英訳しましょう。
長年の研究開発のお陰で私たちはこの新商品を売り出すことができた。

(解答例)

Thanks to years of research and development, we <u>successfully launched</u> this new product.

「better」に頼りすぎない①

Its students should have a considerable advantage over those at many other Japanese universities.

そこの（早稲田の）学生は、他の多くの日本の大学生よりも相当有利なはずだ。

| よくある英作文 | Its students should <u>be much better than</u> those at many other Japanese universities.

> A is better than B. も使いがちなので、書きかえたいです。

いつも使ってしまう表現に気づいて、どうすれば言いかえられるか？　と考えることがとても大事です。「A は B よりも有利である」は、<u>A has an advantage over B.</u> を使えます。

| 言いかえ前 | Its students should be much better than those at many other Japanese universities. |
| 言いかえ後 | Its students should have a considerable advantage over those at many other Japanese universities. |

advantage（名詞）は considerable や significant などの形容詞で強められます。

EX. 時事英語での使用例

Tidal energy generation <u>has a considerable advantage over</u> other renewable energy technologies, because tides are predictable and constant. (*The Guardian*)

潮力発電は、潮の満ち引きが予測可能で、かつ一定であるため、他の再生可能エネルギー技術に比べてかなり優位性がある。

COLUMN

Japanese people, regardless of their academic background, may be generally poor at English. For this reason, negative opinions abound that English for entrance examinations serves no useful purpose or that English education in Japan offers little or no help. While it may be true that there is some room for improvement, many dedicated teachers provide valuable lessons based on a well-designed curriculum, albeit within a limited time frame. Continued study over a long period of time based on those lessons will enable students to acquire English language skills. My current job as a translator and preparatory school teacher depends on the basic knowledge of English, including grammar, that I learned in junior high and senior high school. Only 5% or so of my current English skills may derive from my school English classes, but the bones of my English would never have been fleshed out without them.

日本人は学歴に関係なく、一般的に英語が苦手な人が多いかもしれません。そのため、「受験英語は意味がない」、「日本の英語教育はほとんど役に立たない」といった否定的な意見も多く聞かれます。確かに改善の余地はあるかもしれませんが、綿密に組まれたカリキュラムを基に、限られた時間の中ではあっても、熱心に有意義な授業を行っている先生もたくさんいます。それを基に長期間学習を継続していけば、英語は習得できるのです。私が翻訳者兼予備校講師として現在行っている仕事も、中学・高校で学んだ文法などの英語の基礎知識があってこそ。現在の自分の英語力のうち、学校の英語の授業で培われたものは5%程度かもしれませんが、それがなければ、私の英語の骨格に肉付けすることはできなかったでしょう。

✏ 練習　　　　　　　**EXERCISE**

「advantage」を使って次の日本語を英訳しましょう。

スズキゼミナールはタケシスクールよりもはるかに有利である。

（解答例）

Suzuki Seminar has a significant <u>advantage</u> over Takeshi School.

同じ名詞の繰り返しを避ける

A short conversation instantly reveals that most of them suffer the same difficulties as their counterparts elsewhere in Japan.

少し会話をすれば、日本の他のところの学生と同じように苦労していることがわかる。

| よくある英作文 | If you have a short conversation with them, you will be aware that they suffer the same difficulties as students elsewhere in Japan.

SVO の O にあたる A short conversation を S にする型だよ。
型に加えて、counterparts の使い方にも注目しよう。

STEP 1　名詞のカタマリを S にする。…A short conversation
STEP 2　make OC を繋ぐ。…makes you aware that
STEP 3　動詞の書きかえ。(makes you aware ⇒ reveals)

　このように書きかえたうえで、この段落ですでに複数回使われている students を counterparts にします。counterparts の前には、前の名詞を指す所有格の代名詞が必要です。例えば「アメリカの大統領と台湾の総統（大統領に相当）」を英語にすると、The US President and his Taiwanese counterpart になります。「アメリカの大統領と台湾で彼と同じ立場にいる人」という意味です。

EX. 時事英語での使用例

Narendra Modi, India's prime minister, paid a five-day visit to Japan, where he and Shinzo Abe, <u>his Japanese counterpart</u>, held talks.

(*The Economist*)

インドのナレンドラ・モディ首相が 5 日間の日程で日本を訪問し、同国の安倍晋三首相と会談を行った。

COLUMN

Reading articles from British and American magazines such as *The Economist*, which frequently appear in university entrance exams, has helped many diligent students in Japan acquire considerable reading comprehension skills. However, they are still inadequate when it comes to listening comprehension. Those lacking in speaking skills are often told about the importance of talking confidently without fear of making mistakes. Still, such confidence is hard to gain when you cannot make heads or tails of what others say. This lack of listening comprehension amplifies one's nervousness, making it impossible to respond appropriately. In my early days in the UK, my limited listening skills often prevented me from keeping up with the rapid speech of native speakers, causing me to remain silent or feign understanding during my conversations with them. A gradual improvement in my listening skills allowed me to overcome the fear of speaking in their presence.

大学入試に頻出する『The Economist』などの英米の雑誌の記事を読むことで、かなりの読解力を身につけている勤勉な日本の学生も少なくありません。しかし、聴解力に関してはまだまだ不十分です。スピーキングが苦手な人は、「間違いを恐れずに、自信を持って話すことが大切だ」とよく言われます。しかし、人の言っていることを理解できなければ、自信を持つのは難しいでしょう。聞き取れないと不安が募って、きちんと返事ができなくなります。英国留学当初、私は聞き取りが苦手だったため、ネイティブスピーカーとの会話では、早口についていけず、黙りこくったり、わかったようなふりをしたりすることも多かったのです。徐々にリスニング力が高まり、ネイティブがいても緊張せずに話せるようになりました。

 練習　　　　　　　　**EXERCISE**

「counterpart」を使って、次の英文を書きかえましょう。

1. Japanese workers and Canadian workers
2. The Japanese Prime Minister and the Thai Prime Minister

解答例

1. Japanese workers and their Canadian <u>counterparts</u>
2. The Japanese Prime Minister and his Thai <u>counterpart</u>

「inability」で「V できないこと」
という名詞のカタマリを作る

Their inability to express themselves in English (...)

彼らが英語で自己表現できない（のは ...）

| よくある英作文 | They cannot express themselves in English.

「cannot V」を使わずに「V できない」を表現したいです。

「V できない」は、one's inability to V を使うと名詞のカタマリにできます。また、one's ability to V にすると、「V できること」という意味の名詞のカタマリになります。あわせて覚えておきましょう。<u>They cannot express</u> themselves は、<u>Their inability to express</u> themselves になります。

EX. 時事英語での使用例

The prime minister's <u>inability to shake</u> up her cabinet highlights the weakness of her position. *(The Economist)*

内閣改造を行えないことで、 首相の立場が弱いことが露呈している。

「ability」か「inability」を使って、次の日本語を英訳しましょう。

1. 彼は誰とでも仲良くなれるので新しい職場にすぐに慣れるだろう。
2. 些細なことでも許せない彼女に夫との関係は修復できなかった。

練習

(解答例) 1. His <u>ability</u> to get on with anyone will help him settle into his new workplace in no time.

2. Her <u>inability</u> to forgive even the smallest things rendered her relationship with her husband irreparable.

POINT

21

「stem from」で因果関係を表す

Their inability to express themselves in English stems partly from their overdependence on word-for-word translation.

英語で自己表現できないのは、逐語訳に頼りすぎることが一因となっている。

| よくある英作文 | They cannot express themselves in English partly because they overly depend on word-for-word translation.

SV because SV. を、 A comes from B. にできそうですね。

A: They cannot express ⇒ Their inability to express

B: they overly depend ⇒ their overdependence

＊A comes from B. の代わりに A stems from B. や A results from B. も使える。

EX. 時事英語での使用例

Many of the hungry in poor places are farmers themselves. Their failure to grow—and earn—enough <u>stems from</u> a variety of reasons, from a lack of access to modern farming tools to environmental constraints to poor roads which prevent them from reaching markets. *(The Economist)*

貧困地域の飢えた人々の多くは、 農民自身だ。 現代的な農具が手に入らない、 環境に制約がある、 道が悪くて市場にたどり着けないなど、 様々な理由で満足に栽培したり収益を上げたりすることができないのだ。

練習

「stem from」を使って次の日本語を英訳しましょう。

彼が事業に失敗したのは不運だったからだ。

（解答例） His failure in business <u>stemmed from</u> his misfortune.

CHAP. 5 Advanced Level #3

「play an important role in~」の使い方

My own efforts to learn Japanese have played a pivotal role in identifying such underlying causes to provide effective feedback.

私自身が日本語を習得するのに努力したからこそ、 そのような根本的な原因を突き止めて、 効果的なフィードバックができたのだ。

| よくある英作文 | I have made efforts to learn Japanese myself, so I have been able to identify such underlying causes and provide effective feedback.

> make it easier to V や help (to) V の書きかえを学ぼう。

　名詞のカタマリを S にして help (to) V を繋ぐと、My own efforts have helped me (to) identify になります。動詞を書きかえて、S have <u>played an important role in</u> identifying とします（important は、crucial、essential、pivotal などに言いかえ可能）。

EX. 時事英語での使用例

It turns out that they （引用注—reservoirs） <u>play a significant role in</u> drier regions such as South Africa, where the presence of dammed lakes creates year-round habitats for some waterbird species. *(The Economist)*

南アフリカなどの乾燥地帯では、 貯水池が大きな役割を果たしていることがわかった。 ダム湖があることで、 一部の水鳥が年間を通じて生息できる環境が整っているからだ。

練習　「play an important role」を使って、次の英文を書きかえましょう。
This school helped me to succeed in the entrance exam.

（解答例） This school <u>played an important role in</u> my success in the entrance exam.

23

「lead」を使役動詞として使う

Their fear of falling often leads them to cling desperately to the alpenstock of their mother tongue.

彼ら（学生たち）は転ぶことを恐れて、母語という杖に必死にしがみついてしまうことが多い。

| よくある英作文 | They fear that they will fall and often desperately cling to the alpenstock of their mother tongue.

> Their fear of falling を S にして書きかえられますね!

STEP 1 名詞のカタマリを S にする。…Their fear of falling

STEP 2 make OC を繋ぐ。…makes them desperately cling

STEP 3 動詞の書きかえ。(cause~ to V / lead~ to V)…causes them to desperately cling ／ leads them to desperately cling

cause~ to V (➡ Chapter 3 POINT 16) の類義語の一つが、lead~ to V です。

EX. 時事英語での使用例

As the climate changes and natural hazards proliferate, countries must be able to bounce back from shocks. Painful experience has led Japan to invest in resilience. (The Economist)

気候変動や自然災害が急増する中、各国は衝撃から立ち直ることができる力を持たなければならない。日本は辛い経験をしたことで、レジリエンスに対する投資を行ってきた。

練習 「lead~ to V」を使って次の日本語を英訳しましょう。

彼の死をきっかけに人生の意味について考えた。

(解答例) His death led me to think about the meaning of life.

「help (to) V」を使う

Occasional stumbles help learn important lessons to achieve mastery of the world's lingua franca.

時折つまずくことで、 世界の共通語である英語を習得するための重要な教訓が得られるのだ。

| よくある英作文 | By stumbling occasionally, we can learn important lessons for learning English, the world's lingua franca.

> occasional stumbles を S、help を V にして書きかえられますね!

STEP 1　名詞のカタマリを S にする。…occasional stumbles
STEP 2　make OC を繋ぐ。…makes it easier for us to learn
STEP 3　動詞の書きかえ…help us (to) learn
STEP 4　us を取って help (to) learn にする。

help (to) V で「V するのに役立つ」 と覚えておくと使いやすくなります。

EX. 時事英語での使用例

Anybody who was not directly affected is susceptible to feeling guilt that they survived and others didn't, so doing something active, whether it's making donations or donating food, services or blood, <u>helps address</u> that feeling. *(The New York Times)*

直接影響を受けなかった人は、 自分が助かったのに他の人は助からなかったという罪悪感を抱きやすいため、 募金をしたり、 食料、 奉仕、 血液を提供したりするなど、 積極的に何かをすることで、 その気持ちに対処しやすくなる。

COLUMN

During my study and work experience in the UK, I interacted not only with native English speakers but also with those from India, Pakistan, Zimbabwe, and many other countries. Therefore, you may think that dealing with different accents has become second nature to me. Despite my long-term devotion to learning English, however, some still defy my effort. At an international event, where I served as an interpreter, a renowned archaeologist delivered his talk in English. Unfortunately, his thick accent, compounded by the crackling microphone, made it hard to follow his presentation, leaving me in a cold sweat for the next 30 minutes. My background knowledge of his discoveries helped me guess the gist of his story from some of the words I managed to catch. But the need to interpret what even resisted the understanding of some American scientists proved to be a nightmarish experience for me, especially in the presence of the media who were there to cover the event.

私はイギリスでの留学や就職で、英語のネイティブスピーカーだけでなく、インド、パキスタン、ジンバブエなど、様々な国の人達と交流しました。そのため、いろいろな訛りに対応するのには、すっかり慣れていると思われるかもしれません。しかし、これまで何年もかけて英語を学んできても、理解できない訛りもあります。国際イベントで通訳を担当することになったのですが、とある著名な考古学者の訛りが強すぎて、マイクの音も割れていたため、プレゼンになかなかついていけず、30分冷や汗が止まりませんでした。その博士の研究成果についての背景知識があったので、なんとか聞き取れた単語から話の大筋を推測することはできました。しかし、アメリカ人科学者たちでも理解できないようなものを通訳しなくてはならないのは、特にマスコミが取材に来ていたこともあり、悪夢のような体験でした。

 練習　　　　　　　　　**EXERCISE**

「help (to) V」を使って、次の日本語を英訳しましょう。
禁煙は様々な病気の予防になる。

解答例

Quitting smoking <u>helps (to) prevent</u> a wide range of diseases.

「頑張る」を英語にする

My long-time dedication to teaching (...)

私が長年懸命に指導してきた（...）

| よくある英作文 | I have taught hard for many years.

「頑張る」をいい感じの英語にする方法を知りたいです。

　「頑張る」は、dedicate oneself to V-ing で表現できます。I have dedicated myself to teaching for many years. ⇒ My long-time dedication to teaching という名詞のカタマリにします。dedicate の類義語に commit や devote があり、それぞれ commitment と devotion という名詞にできます。東野圭吾『容疑者 X の献身』の英語版タイトルは *The Devotion of Suspect X* です。

EX. 文学での使用例

Tsukahara had been <u>devoted to</u> his work, <u>committed to</u> crime prevention with impressive determination, and displayed an uncommon attention to detail. (Higashino Keigo, *A Midsummer's Equation*)

生前の塚原正次は仕事熱心で、犯罪予防については人一倍真剣に考えており、どんな細かい仕事も手を抜くことがなかった。

練習

「devote」を使って、次の日本語を英訳しましょう。

タケシは執筆に専念している。

解答例 Takeshi <u>is devoting</u> himself to writing. ／ Takeshi <u>is devoted</u> to writing.

＊これを名詞のカタマリにすると、Takeshi's devotion to writing になります。

26

「aid」を使う

My long-time dedication to teaching has aided them in overcoming their excessive fear of mistakes.

私が長年懸命に指導してきたことで、過剰なまでに失敗を恐れる気持ちを克服する一助となれた。

POINT 25 で作った My long-time dedication という
名詞のカタマリを使って続きを書きましょう。

STEP 1　名詞のカタマリを S にする。…My long-time dedication

STEP 2　make OC を繋ぐ。…made it easier for them to overcome

STEP 3　動詞の書きかえ。(help~ (to) V)…<u>helped</u> them <u>(to) overcome</u>

STEP 4　動詞の書きかえ 2 。(aid)…<u>aided</u> them <u>in overcoming</u>

　aid は help に比べてフォーマルな響きがあり、論文や時事英語などでよく使われます。名詞の aid には「救援物資」という意味があることからも「困っている人に救いの手を差し伸べて安堵感をもたらす」イメージがあるとわかります。

EX. 時事英語での使用例

The exhibition's argument is that since the Renaissance, artists have used mannequins as tools that <u>aided them in drawing</u> or painting or sculpting the human form. (BBC)

この展覧会の主張は、ルネサンス以降、芸術家はマネキンを、人間の形を描いたり、塗ったり、彫ったりするのに役立つ道具として使ってきたというものだ。

練習

「aid」を使って、次の日本語を英訳しましょう。
運転手は老婦人が下車するのを手伝った。

(解答例) The driver <u>aided</u> the old woman <u>in getting</u> out of the car.

Advanced Level #4

My Encounter with Japanese literature

これまでの5つの Chapter で、無生物主語の後に make OC を繋げたものをさらに書きかえるなど、様々なライティングのテクニックを学習してきました。Chapter 6 では、これまで学習してきたテクニックに、よりいっそうの味付けをしていきます。そうすることで重要なスキルを定着させて、最後の Chapter 7 で演習をする準備をしておきましょう。

My Encounter with Japanese Literature

In 1971, my successful application for an 18-month stay in Japan as a university lecturer **whetted my appetite for** its culture. **It was for this reason that** I read the English version of *Snow Country*, a novel by **the then-recent** Nobel Prize laureate Kawabata Yasunari. **To my great disappointment**, however, the story **defied** my comprehension, **leading me to suspect** that **some bribe** the Japanese government offered to the Nobel Committee **allowed such a man with no remarkable literary talent to achieve international fame**.

Four years later, my second reading finally **enabled me to appreciate** its beauty, realizing my utter ignorance as well as **the folly of my hasty conclusion**. **My initial failure to enjoy** his highly acclaimed work **is attributable** to my Western expectations for a good novel. I subconsciously **deemed** what failed to meet my subjective standards as inferior. My gradual exposure to Japan and its language **shed light on** what had previously eluded me. I silently apologized to Kawabata.

Deep-seated prejudices often **preclude one from** embracing different cultures. For instance, raw seafood **consumption** was once unthinkable in most of Europe and America. Today, however, sushi and other Japanese dishes **enjoy enormous popularity** worldwide. Likewise,

日本文学との出逢い

1971 年、大学講師としての 1 年半の滞在申請が通り、日本とその文化について知りたいという思いに駆られた。まさにこの理由で、当時ノーベル賞を受賞したばかりの川端康成の小説『雪国』の英語版を読んだのである。しかし残念ながら、その物語は私には理解できず、日本政府がノーベル委員会に賄賂を送ったお陰で、目立った文才もないような男が国際的な名声を得られたのではないかと勘繰ってしまった。

しかし、4 年後に再び読んでみると、ようやくその美しさがわかり、自分が全くもって無知だったこと、性急に結論を下したのが愚かだったことを思い知らされた。彼の小説が高い評価を得ているのにもかかわらず、最初に堪能できなかったのは、優れた小説に対する西洋的な期待があったためだ。自分の主観的な基準に満たないものは劣っていると、無意識に思ってしまったのである。しかし、徐々に日本や日本語に触れる中で、それまで見えなかったものが見えてきた。私は心の中で川端に謝罪した。

根深い偏見のせいで異文化を受け入れられないことがよくある。例えば、かつて欧米の大半の地域では、魚介類の生食は考えられなかった。しかし今では、寿司を始めとする日本料理は、世界中で絶大な人気を誇っている。同様に、日本の文化や言語への理解が深まったことで、私は川端康成の作品を、日本の美学を体現するものとして評価できるようになったのだ。

その後、ハワイ大学大学院の教授による一連のゼミに参加して、他の日本文学の傑作を深く探究できるようになった。原文と訳文を一行ずつ比較することで、日本文学の巨匠たちへの理解が深ま

my deeper understanding of Japan's culture and language helped me praise Kawabata's work ⑯as the embodiment of the country's aesthetics.

Later, a series of seminars by a professor at the University of Hawai'i Graduate School made it possible for me ⑰to delve deeper into other Japanese literary masterpieces. Line-by-line comparisons between their original and translated versions ⑳deepened my appreciation of those Japanese literary giants. ㉑Among them was Natsume Soseki, whose penetrating insights into human nature far ㉒surpassed those of his contemporaries. Although his troubled stay in Britain and chaotic life after his return home may have ㉓wreaked havoc on his mental health, it was precisely such ordeals that ㉔added to the depth of his literary works.

㉕For all Soseki's brilliance as a writer, my greatest admiration ㉖goes to Mori Ogai㉗, whose weighty responsibilities as an army surgeon never dampened his enthusiasm about literature. His tombstone ㉘makes no mention of his literary or military achievements, ㉙with only his real name, Mori Rintaro, inscribed on it. ㉚This modesty epitomizes the aesthetics of Japanese culture.

(368 words)

っていったのである。その中でも夏目漱石は、人間の本質に対する鋭い洞察力で他の追随を許さない存在だった。英国滞在で苦労したり帰国後に混沌とした生活を送ったりしたことで心に深い傷を負ったのかもしれないが、まさにそのような試練があったからこそ、彼の文学作品の深みが増したのだ。

　漱石は優れた小説家ではあったが、私が最も尊敬しているのは森鷗外である。軍医としての重責を抱えながらも、執筆への情熱が衰えることがなかったからだ。鷗外の墓碑には、文学や軍隊に関する功績への言及は一切なく、ただ本名の森林太郎と刻まれているだけだ。この謙虚さが、日本文化の美学を象徴している。

「〜したくなる」という意味の表現の応用

In 1971, my successful application for an 18-month stay in Japan as a university lecturer whetted my appetite for its culture.

1971年、大学講師としての1年半の滞在申請が通り、日本とその文化について知りたいという思いに駆られた。

| よくある英作文 | In 1971, my application for an 18-month stay in Japan as a university lecturer was successful, so I wanted to learn about its culture.

My successful application を S にするパターンですね!

後半部分は make OC とその書きかえを続けよう。

　My successful application made me want to learn about its culture. の made me want を encouraged me にした文が書ければ上出来ですが、このエッセイの英文では、さらに別の表現を使っています。A whets one's appetite for B. で、「A のお陰で B が欲しくなる」「A のお陰で B について知りたくなる」という意味です。これまでに学習したフレーズ＋αを身につけましょう。

EX. 時事英語での使用例

In an effort to <u>whet North Korea</u>'s <u>appetite for</u> market reforms, a group of officials was taken around a Vietnamese car factory and given a talk on joint ventures while their boss prepared for his meeting. *(The Economist)*

北朝鮮の市場改革への意欲をかきたてるために、指導者が首脳会談の準備をしている間に、政府関係者一行をベトナムの自動車工場に案内し、合弁事業の話を聞かせたのだ。

COLUMN

With overseas study and work come enormous challenges, but a wonderful life awaits you once past them. During my time as an interpreter in the football world, I worked with a gentleman called Chris who served as my supervisor. His fluency in five languages, combined with his outstanding professional performance as a logistics specialist, never ceased to impress me. Indeed, the task of translating his words proved more conducive to the development of my language skills than my postgraduate studies. It is not too much to say that my path took a life-changing turn with this Cambridge-educated Englishman, who now works for the Union of European Football Associations (UEFA), playing a leading role in international football events. It is an accumulation of what could be described as miraculous encounters like this that has put me on the path to where I am today.

　海外での勉強や仕事には大きな困難がつきものですが、 乗り越えた先には素晴らしい人生が待っています。 サッカー界で通訳をしていた頃、 クリスという上司と仕事をしました。 5 カ国語を操り、 ロジスティクスのスペシャリストとして活躍する彼の姿は、 私を魅了してやみませんでした。 大学院での勉強よりも、 彼の言葉を訳す作業の方が、 自分の語学力を高めるのに役立ったくらいです。 現在、 欧州サッカー連盟に所属し、 国際的なサッカーイベントで活躍しているこのケンブリッジ大学卒の英国紳士との出会いは、 私のその後の人生を変えたといっても過言ではありません。 このような奇跡とも言える出会いが積み重なってきたお陰で今の自分があるのです。

練習　　　　　EXERCISE

「whet one's appetite」 を使って、 次の日本語を英訳しましょう。

1. この本を読んでイタリア料理が食べたくなった。
2. 彼が成功したのを知って私の闘争心に火がついた。
3. あのスキャンダルが表沙汰になって、 私は真実を知りたくなった。

（解答例）

1. This book <u>whetted my appetite</u> for Italian food.
2. His success <u>whetted my appetite</u> for a battle.
3. That scandal <u>whetted my appetite</u> for the truth.

「It is for this reason that SV.」の役割

It was for this reason that I read the English version of *Snow Country*.

まさにこの理由で、『雪国』の英語版を読んだのである。

| よくある英作文 | So, I read the English version of *Snow Country*.

> これまで使ったもの以外で「so SV」を書きかえたいです。

> 「まさにこの理由で S は V する」という意味の It is for this reason that SV. という強調構文も、その方法の一つだよ。

STEP 1 So, I read the English version of *Snow Country*.

STEP 2 For this reason, I read the English version of *Snow Country*.

STEP 3 It was for this reason that I read the English version of *Snow Country*.

EX. 時事英語での使用例

First and foremost, the flight was a great piece of international public relations. <u>It was for this reason that</u> the normally secretive China has been relatively open about its aims to launch an astronaut on *Shenzhou 5*.

(*The Economist*)

まず何よりも、その飛行には絶大な国際的な PR 効果があった。まさにこの理由で、普段は秘密主義の中国が、神舟5号で宇宙飛行士を打ち上げる目的について、あまり隠し立てしていないのである。

COLUMN

Comparing *Snow Country*, a novel by the Nobel Prize winner Kawabata Yasunari, with its translation by the renowned academic Edward George Seidensticker throws into stark relief numerous differences between English and Japanese. Seidensticker put Kawabata's text, which contains an abundance of subject omissions and abstract expressions, into natural-sounding English. Kawabata is quoted as saying, "Half of my Nobel Prize belongs to Professor Seidensticker." For instance, while the opening line of the English version goes, "The train came out of the long tunnel into the snow country," clearly stating the subject, the original Japanese makes no mention of it. Translated verbatim, the latter reads, "After passing through long tunnel at border was snow country." A comparison between these two sentences allows one to glimpse the deep chasm between these two fundamentally different languages.

ノーベル賞作家川端康成の小説『雪国』と、高名な学者エドワード・ジョージ・サイデンステッカーによるその翻訳を比較すると、英語と日本語の様々な違いが浮き彫りになってきます。サイデンステッカーは、主語の省略や抽象的表現の多い川端の文章を、自然な英語に翻訳しました。川端は「私のノーベル賞の半分はサイデンステッカー教授のものだ」と語ったと言われています。例えば、英訳の第1文は「The train came out of the long tunnel into the snow country.」と主語を明示しているのに対し、原文の日本語の「国境の長いトンネルを抜けると雪国であった」には主語がなく、英語に逐語訳すると、「After passing through long tunnel at border was snow country.」になってしまいます。この2つの文を比較すると、日本語と英語の根本的な違いが垣間見られるのです。

練習　　　　　　　**EXERCISE**

「It is for this reason that SV.」を使って、下線部を書きかえましょう。

I wanted to help people in developing countries suffering from treatable diseases, <u>so I decided to join Doctors Without Borders</u>.

（解答例）

I wanted to help people in developing countries suffering from treatable diseases. <u>It was for this reason that</u> I decided to join Doctors Without Borders.

関係代名詞に頼りすぎない②

---

the then-recent Nobel Prize laureate Kawabata Yasunari

当時ノーベル賞を受賞したばかりの川端康成

| よくある英作文 | Kawabata Yasunari, who had then recently won the Nobel Prize

who を使わずにまとめる方法を見ていこう。

STEP 1 then recently won the Nobel Prize ⇒ the then-recent Nobel Prize winner（then は「その当時は」という意味）

STEP 2 Kawabata Yasunari の前に置く。

エッセイでは、winner の代わりに laureate という難しい単語を使っています。

EX. 時事英語での使用例

In a recent interview, the Harry Potter actor Emma Watson described how, on a night out to celebrate her 18th birthday, "I realised that overnight I'd become fair game." (*The Guardian*)

ハリー・ポッターに出演しているエマ・ワトソンは、最近のインタビューで、18 歳の誕生日を祝うために出かけた夜、いかに「一夜にして自分が格好の標的になってしまったと実感した」のかを語った。

練習 関係代名詞を使わずに、次の英語を名詞のカタマリにしましょう。

Ohtani Shohei, who unanimously won the 2021 MVP award

解答例 the unanimous 2021 MVP award winner Ohtani Shohei

名詞のカタマリを使って感情を表す

To my great disappointment (...)

残念ながら（...）

| よくある英作文 | I was disappointed that (...)

> 名詞のカタマリを使った応用編だよ。

　「がっかりしたことに」という意味の To my disappointment の後に、SV. を続けましょう。前置詞 to は到達点を表しているので、「失望した状態に至る」という意味になります。他にも「驚いたことに」であれば、to my surprise、「安心したことに」であれば to my relief というように、様々な感情を表せます。to my great surprise のように great を直接名詞の前に置いて強調したり、much to my surprise のように much を to my surprise の前に置いて強調したりもできます。

EX. 時事英語での使用例

"I'm doing something, which, <u>to my great surprise</u>, has never been done before," she says. *(The Guardian)*

「私がやっているのは、驚いたことに、これまで誰もやったことがないことなのです」と彼女は言う。

練習

「to one's 感情を表す名詞」を使って、次の日本語を英訳しましょう。
スッタケが無事に月に着陸して安心した。

解答例 <u>To my relief</u>, Suttake landed on the moon safe and sound.

「できない」という内容を肯定文で表す②

The story defied my comprehension.

その物語は私には理解できなかった。

| よくある英作文 | I could not understand the story.

「できない」を beyond や defy を使って書きかえよう。

・I <u>could not understand</u> the story.
⇒ The story <u>was beyond</u> my understanding.
⇒ The story <u>defied</u> my understanding.

　A is beyond B. や A defies B. で「A は B を超えている」つまり「A は B できない」という意味になります。エッセイの英文では understanding という名詞の類義語の <u>comprehension</u> が使われています。

EX. 時事英語での使用例

| A majority of the wines tasted on an autumn visit to the region <u>defied</u> easy categorization. (*The New York Times*)
| 秋にこの地を訪れて試飲したワインの大半は、 簡単には分類しがたいものだった。

「defy」を使って、次の日本語を英訳しましょう。
1. 言葉にできない複雑な感情がある。
2. 日本の作家は簡単には分類できない。

練習

(解答例) 1. There are complex emotions that <u>defy</u> description.
2. Japanese writers <u>defy</u> easy classification.

「make」以外の使役動詞

(...), leading me to suspect that (...)

そのため（... を）勘繰ってしまった。

| よくある英作文 | (...), so I suspected that (...)

> so SV ⇒ , which makes OC を、cause や lead で書きかえてみよう。

- ・ , which <u>made me suspect</u>
- ⇒ , which <u>caused me to suspect</u>
- ⇒ , which <u>led me to suspect</u>

さらに、, which led を , leading という分詞構文にできます。

EX. 時事英語での使用例

The September 11th attacks <u>led America to throw</u> up walls between itself and the people it theoretically wants to cooperate with. *(The Economist)*

9.11 テロをきっかけに、 アメリカは、 名目上は協力したいとしている人々との間に壁を急造するようになった。

Advanced Level #4

練習

「cause」を使って、次の日本語を英訳しましょう。

このパンデミックのせいで多くの人が仕事を失ってきた。

(解答例) This pandemic has <u>caused many to lose</u> their jobs.

07

「SVO」を「OSV」にして名詞のカタマリに②

(... to suspect that) some bribe the Japanese government offered to the Nobel Committee (...)

日本政府がノーベル委員会に賄賂を送った（お陰で ... ではないかと勘繰った）

| よくある英作文 | the Japanese government offered some bribe to the Nobel Committee (...)

> SVO の文を OSV にして、名詞のカタマリを作るパターンですね。

≪ SVO の文 ≫

the Japanese government offered some bribe to the Nobel Committee
≪ OSV（名詞のカタマリ）≫

some bribe (that) the Japanese government offered to the Nobel Committee

関係代名詞が省略されていると考えてください。

EX. 時事英語での使用例

During the session, Clinton emphasized <u>the positive effects that clean energy can have on jobs and the economy.</u> (*HuffPost*)

この会合でクリントンは、 クリーンエネルギーが雇用と経済に良い影響を与えると強調した。

COLUMN

Since winning the prestigious Franz Kafka Prize in 2006, Murakami Haruki has been mentioned yearly as one of the candidates for the Nobel Prize in Literature. The Japanese writer himself may have said, "To be honest, it's rather annoying. I'm not even an official finalist. It's just a private bookmaker deciding the betting rate." On the day of the Nobel Literature Prize announcement, however, herds of Murakami enthusiasts, known as *Harukists* in Japan, flock to bookshops and many other places associated with the novelist, in great anticipation of his selection. For example, a public viewing takes place at Kinokuniya's Shinjuku flagship shop, while a countdown event is held at a shrine in Sendagaya, Tokyo, where Murakami used to run a jazz cafe. Such are their expectations that his unsuccessful nomination even brings tears to the eyes of some.

2006 年に名誉あるフランツ・カフカ賞を受賞してから、 ノーベル文学賞の候補者の一人として毎年のように村上春樹の名前が挙がります。 村上氏自身は、 「正直なところ、 わりに迷惑です。 正式な最終候補になっているわけじゃなくて、 ただ民間のブックメイカーが賭け率を決めているだけ」 と語りました。 しかしノーベル文学賞発表の日になると、 日本では 「ハルキスト」 と呼ばれる熱狂的なファンが、 受賞への期待に胸を膨らませ、 書店やゆかりの地に押し寄せてきます。 紀伊國屋書店新宿本店でパブリックビューイングが開催されたり、 かつて村上氏がジャズ喫茶を経営していた千駄ヶ谷の神社でカウントダウンイベントが行われたりします。 あまりの期待の大きさに、 受賞しないと涙する人もいるほどです。

 練習 **EXERCISE**

下線部を主語にして、次の英文を書きかえましょう。

1. I bought <u>the lamp</u> last year, and it proved to be useful during the blackout.

2. We lived in <u>the country</u> for ten years, and we made friends with numerous locals.

〔解答例〕

1. <u>The lamp</u> I bought last year proved to be useful during the blackout.

2. <u>The country</u> we lived in for ten years enabled us to make friends with numerous locals.

「その結果 V できた」の応用①

(...) allowed such a man with no remarkable literary talent to achieve international fame.

お陰で、目立った文才もないような男が国際的な名声を得られた。

| よくある英作文 | (...), so a man with no remarkable literary talent became internationally famous.

> POINT 07 で作った名詞のカタマリを S にして、後ろに make OC とその書きかえを続けてみよう。

STEP 1　名詞のカタマリを S にする。…some bribe the Japanese government offered to the Nobel Committee

STEP 2　make OC を繋ぐ。…<u>made it possible for</u> a man with no remarkable literary talent to become internationally famous.

STEP 3　動詞の書きかえ。…<u>allowed</u> a man with no remarkable literary talent to become internationally famous.

　エッセイでは become internationally famous という VC ではなく achieve international fame という VO を使っています。fame と相性の良い動詞には achieve 以外に <u>gain</u>、<u>rise to</u>、<u>win</u> などがあります。

EX. 時事英語での使用例

Inclusion of their music in these popular games has <u>allowed previously obscure bands to achieve international fame.</u> *(The Economist)*

このような人気ゲームに楽曲が収録されることで、それまで無名だったバンドが世界的に有名になったのだ。

COLUMN

Interpreters and translators have underpinned the international success of numerous individuals. Many of the translations of *Norwegian Wood* and other globally acclaimed Murakami Haruki novels have been undertaken by Jay Rubin, professor emeritus at Harvard University, while Ohtani Shohei, a two-way superstar in the Major League, owes much of his success to the dedicated support of his interpreter, Mizuhara Ippei. Contrary to popular belief, fluency in two languages alone does not allow one to work as an interpreter or translator; the jobs require specialized training. It takes long-time effort to transcend a daunting linguistic distance between Japanese and English to act as a bridge between their different cultures. A myriad of interpreters and translators incessantly work behind the scenes to support Japanese professionals working in a wide range of fields.

通訳者と翻訳者は数多くの人の国際的な活躍を支えてきました。『ノルウェイの森』を始め、世界的に高い評価を得ている村上春樹氏の小説の翻訳の多くは、ハーバード大学名誉教授のジェイ・ルービン氏が手掛けたものです。また、大リーグで大谷翔平選手が二刀流のスーパースターとして成功したのは、通訳の水原一平氏の献身的なサポートに負うところが大きいのです。2カ国語ができれば通訳や翻訳ができると思われがちですが、この仕事には専門的な訓練が必要です。例えば、日本語と英語の間にある目もくらむような言語距離を乗り越えて、異文化の架け橋となるには、長年にわたって努力していく必要があります。多くの通訳者・翻訳者が、様々な分野で活躍する日本人のプロフェッショナルを陰で支え続けているのです。

CHAP. 6 Advanced Level #4

 練習　　　　　　**EXERCISE**

「allow」を使って、次の日本語を英訳しましょう。
久々に休暇を取ったら、自分に起こった様々な出来事を考えることができた。

（解答例）

Taking a long-overdue vacation <u>allowed me to reflect</u> on the various events that had come my way.

「その結果 V できた」の応用②

My second reading finally enabled me to appreciate its beauty.

再び読んでみると、ようやくその美しさがわかった。

| よくある英作文 | When I read it again, I appreciated its beauty,

> 前半は reading という動名詞を S にするパターンですね!

その後に make OC とその書きかえを続けてみよう。

STEP 1 　動名詞を S にする。…reading it again ⇒ my second reading
STEP 2 　make OC を繋ぐ。…made it possible for me to appreciate its beauty
STEP 3 　動詞の書きかえ。(make it possible for ⇒ enable)
　　　　…<u>enabled</u> me to appreciate its beauty

「その結果 V できた」もスムーズに英語にできるようになってきましたね。

EX. 時事英語での使用例

Despite the fact that the Constitution has <u>enabled Japan to live</u> for more than six decades in peace and prosperity, so long as there are politicians who disdain it as the work of foreigners there will be pressure to rewrite it. (*The New York Times*)

憲法のお陰で、日本が 60 年以上も平和に繁栄してきたにもかかわらず、憲法を外国人が作ったものと蔑む政治家がいる限り、改憲への圧力が存在する。

COLUMN

In literary appreciation, literacy is a means, not an end in itself. Youthful ignorance often prevents one from appreciating what is considered a masterpiece. As a high school senior, I read *Kokoro*, a novel by the renowned Japanese writer Natsume Soseki, in a school textbook. However, my mental immaturity led to my inevitable failure to enjoy the work. In my fourth year of university, when I read both the original and its English translation, my somewhat increased life experience over the intervening years helped me identify with more of the feelings of the characters, appreciating the novel more deeply. The line "Anyone who has no spiritual aspirations is an idiot," which plays a pivotal role in the work, has left a lasting impression on me right up to the present day.

　文学鑑賞において、読み書きの能力は手段であり、それ自体が目的ではありません。若さゆえに無知であるため、名作といわれる作品を理解できないことは多いものです。私は高校 3 年生の時、教科書で夏目漱石の『こころ』を読みました。しかし、精神的に未熟だったため、その作品を楽しむことができなかったのは必然だったのです。大学 4 年の時に原作と英訳の両方を読んでみると、その間にいくらか人生経験を積んだことで、登場人物の心情に共感できるようになり、もっと深く作品を味わうことができました。作中で鍵となっている「精神的に向上心のない者は、馬鹿だ」という台詞は、現在に至るまで心に残っています。

CHAP. 6　Advanced Level #4

 練習　　　　　　　　　　**EXERCISE**

「enable」を使って、次の日本語を英訳しましょう。

1. この本のお陰で彼女はタイ語の読解力を磨けた。
2. Twitter のお陰で私は自著の知名度を高めることができた。

(解答例)

1. This book has <u>enabled</u> her to improve her Thai reading comprehension skills.
2. Twitter has <u>enabled</u> me to raise the profile of my book.

名詞のカタマリの応用

(appreciate its beauty), realizing my utter ignorance as well as the folly of my hasty conclusion.

（ようやくその美しさがわかり、）自分が全くもって無知だったこと、性急に結論を下したのが愚かだったことを思い知らされた。

| よくある英作文 | (...) and I realized that I had been utterly ignorant, and that I had been foolish to have jumped to a hasty conclusion.

> 分詞構文を作った後に、名詞のカタマリを置いているよ。

I had been utterly ignorant を my utter ignorance に、I had been foolish to have jumped to a hasty conclusion を the foolishness of my hasty conclusion にして、realizing の目的語にします。エッセイでは foolishness の代わりに folly という名詞を使っています。この単語を見ると、駆け出しの翻訳者だった頃に「愚の骨頂」の訳し方で頭を悩ませていた時、the height of folly という言い回しを知って感動したことを思い出します。「若気の至り」は the folly of youth です。

EX. 時事英語での使用例

The tower has more than 160 floors and cost some $1.5 billion. It is in danger, however, of being seen as the height of folly. *(The Economist)*

このタワーは 160 階以上あり、約 15 億ドルもの費用がかかった。しかし、それは愚の骨頂と見なされる恐れがある。

練習 「folly」を使って、次の日本語を英訳しましょう。
彼女との結婚を拒否したのは若気の至りだった。

（解答例）My refusal to marry her came from the folly of youth.

11

「V できなかったこと」という名詞のカタマリを作る

My initial failure to enjoy his highly acclaimed work (...)

彼の小説が高い評価を得ているのにもかかわらず、最初に堪能できなかった（のは ...）

| よくある英作文 | His novel is highly acclaimed, but I could not enjoy it initially (...)

前半は SVC の C を S につけて His highly acclaimed work、後半は cannot V の類義語 fail to V を名詞のカタマリにしよう。

STEP 1 <u>I initially failed</u> to enjoy his highly acclaimed work (...)

STEP 2 <u>My initial failure</u> to enjoy his highly acclaimed work (...)

fail to V は「V できた」を表す表現として学習した（➡ Chapter 5 POINT 17）succeed in V-ing の反意語です。

EX. 文学での使用例

<u>My failure to help</u> her has filled me with a deep sense of powerlessness.

(Murakami Haruki, *1Q84*)

あの子の力になれなかったことで、深い無力感にとりつかれています。

練習

「failure to V」を使って、次の日本語を英訳しましょう。

最初は英語が上達しなかったため、これ以上勉強に力を入れるのはやめようと思ったほどだ。

(解答例) <u>My initial failure to improve</u> my English discouraged me from putting any more effort into my studies.

「attributable」を使って因果関係を表す

(My initial failure) is attributable to my Western expectations for a good novel.

（最初に堪能できなかったのは、）優れた小説に対する西洋的な期待があったためだ。

| よくある英作文 | I initially failed to enjoy it because I had Western expectations for a good novel.

SV because SV. ⇒ A comes from B. への書きかえはできるようになりました。

今回の A is attributable to B. も使えるようにしよう！

STEP 1　A：I initially failed ⇒ My initial failure

STEP 2　B：I had Western expectations for a good novel.
　　　　⇒ My Western expectations for a good novel

STEP 3　My initial failure came from my Western expectations~ ／
　　　　My initial failure is attributable to my Western expectations~

A is attributable to B. は A was caused by B. という意味で、過去のことでも現在形を使うため、is になります。

EX. 時事英語での使用例

Meanwhile recent research shows that the number of global deaths attributable to air pollution has grown by 11% over the last two decades.

(*The Guardian*)

一方、最近の調査では、大気汚染が原因となる世界の死者数は、過去 20 年間で 11% 増加していることが明らかになった。

COLUMN

The Thai greeting "wai," where people bow lightly with their palms together as if in prayer, may seem strange from the perspective of the Japanese, who usually do the same only when praying. Conversely, the sight of the Japanese making the same gesture in gratitude for a served meal may seem ridiculous to the Thai. As seen from this example, attempts to see different cultures through the prism of one's own subjective viewpoint pose arguably the biggest obstacle to their understanding. Several summers ago, during my visit to Germany, I tried to quench my thirst with a bottle of green tea from a supermarket. Unlike its Japanese counterpart, however, the German tea turned out to be sweetened, which made me spit it out on reflex. Similarly, unconscious expectations for good novels may lead to the automatic rejection of otherwise great foreign works, hindering their appreciation.

タイの「ワイ」という挨拶は、手のひらを合わせて軽くお辞儀をするものですが、日本人から見ると奇妙に映ることがあります。普通祈りを捧げる時にしかしないことだからです。逆に、出された食事に合掌して感謝する日本人の姿を見て、滑稽だと思うタイ人もいるかもしれません。このように、自分の主観という色眼鏡で異文化を見ようとするのは、異文化を理解するうえで最大の障害と言えるでしょう。数年前の夏、ドイツを訪れた際、スーパーで買ったペットボトルの緑茶で喉の渇きを癒そうとしたのですが、日本のお茶と違って甘かったので、反射的に吐き出してしまいました。同様に、文学鑑賞の場合にも、優れた小説に関して無意識的な思い込みがあると、外国の優れた作品に思わず拒否反応を示してしまい、理解できなくなってしまうのかもしれません。

✎ 練習　　　　　　　　**EXERCISE**

「attributable」を使って、次の日本語を英訳しましょう。
私が大成功を収められたのは、周りの人達が支えてくれたからだ。

(解答例)
My tremendous success <u>is attributable to</u> the dedicated support of the people around me.

13

「deem」で「O を C だと考える」という内容を表す

I subconsciously deemed what failed to meet my subjective standards as inferior.

自分の主観的な基準に満たないものは劣っていると、無意識的に思ってしまったのである。

| よくある英作文 | I subconsciously thought that what did not meet my subjective standards was inferior.

> think that SVC を regard A as B にはできそうです。

think that SVC を regard A as B にしたうえで、<u>regard A as B を deem A (as) B</u> にすると、エッセイの英文の形になります。

・I subconsciously <u>regarded</u> what did not meet my subjective standards <u>as</u> inferior.
・I subconsciously <u>deemed</u> what did not meet my subjective standards (<u>as</u>) inferior.

エッセイでは did not meet ではなく、POINT 11 で学習した fail to V を使って、failed to meet になっています。

EX. 文学での使用例

Later on, you learned that your father had been exempted from military service because he was in the wire business, which the government had <u>deemed essential</u> to the war effort. (Paul Auster, *Report from the Interior*)

その後、あなたの父親が、政府が戦争に必要不可欠とみなした鉄線業を営んでいたため、兵役免除になったことを知ったわけですね。

COLUMN

Japanese-to-English translation only requires the use of the word "I" for any first-person singular nominative pronoun in the original, often resulting in the loss of the subtle connotations contained there. The use of the first-person singular "ora" by Son Goku, the main character in a popular manga called *Dragon Ball*, creates an atmosphere of a good-natured country boy, but that vibe is completely lost in its English version. Conversely, English-to-Japanese translation demands the proper use of different first-person pronouns, taking into account the speaker's gender, place of origin, personality, and social status, to name but a few. The translator of the Japanese version of *Harry Potter* has chosen the word "washi" for Professor Dumbledore. While the original depicts him as a dignified figure, the choice of that first-person pronoun accentuates his advanced age while adding an air of rusticity to the Japanese version.

日英翻訳では、原文で主語に使われている一人称単数の主格代名詞を全て「I」に置き換えるだけでよいのですが、原文に含まれる微妙なニュアンスが失われてしまうことがよくあります。例えば、『ドラゴンボール』という人気漫画の主人公の孫悟空は、一人称単数の「オラ」を使うことで、人当たりの良い田舎者という雰囲気を醸し出しています。しかし、英語版ではその雰囲気が完全に失われてしまっています。逆に、英日翻訳では、話し手の性別、出身地、性格、社会的地位など、様々な要素を考慮して、一人称の代名詞を適切に使い分けなくてはなりません。例えば、『ハリー・ポッター』の日本語版の翻訳者は、ダンブルドア先生の一人称を「わし」にしました。原作では凛とした人物として描かれている先生ですが、その一人称代名詞を選んだことで日本語版では老いが強調され、素朴な雰囲気が漂うようになったのじゃ。

✏ 練習　　　　　　　**EXERCISE**

「deem OC」を使って、次の日本語を英訳しましょう。

政府は非常事態宣言が必要だと考えた。

（解答例）

The government <u>deemed it necessary</u> to declare a state of emergency.

「その結果 V できた」の応用③

My gradual exposure to Japan and its language shed light on what had previously eluded me.

徐々に日本や日本語に触れる中で、それまで見えなかったものが見えてきた。

| よくある英作文 | As I was gradually exposed to Japan and its language, I was able to see what I could not see before.

名詞のカタマリを S にして make OC を繋ぐ型ですね！

My gradual exposure を S にして、made it easier for me to see を繋ぎます。ここではさらに工夫を凝らして、make something easier to understand という意味の <u>shed light on</u> を使っています。暗闇に光が放たれて、これまで見えなかったものが見えてくるイメージから、理解できなかったものが理解しやすくなるという意味が生まれます。すでに学習した通り、<u>A eludes B.</u> は B cannot understand A という意味です。

EX. 時事英語での使用例

| Two new books <u>shed light on</u> the plight of the Uyghurs. *(The Economist)*
| 新たに出版された 2 冊の本により、ウイグル人の苦境が明らかになった。

練習

「shed light on」を使って、次の日本語を英訳しましょう。
この事件が起こったことで、与党とその団体との癒着が浮き彫りになった。

（解答例）The incident <u>shed light on</u> the cozy relationship between the ruling party and the organization.

15

「〜のせいで V できない」の応用

Deep-seated prejudices often preclude one from embracing different cultures.

根深い偏見のせいで異文化を受け入れられないことがよくある。

| よくある英作文 | If we have deep-seated prejudices, we often cannot understand different cultures.

prejudices を S にした S make OC から書きかえるよ。

　prejudices prevent us from understanding または prejudices preclude us from understanding とします。preclude は prevent のフォーマルな言い方です。pre は「前もって」、clude は「閉じる」なので、可能性が最初からなくなるイメージです。embrace は「積極的に受け入れる」という動詞です。

EX. 時事英語での使用例

(…) policies aimed at defending students from racist, sexist and homophobic harassment don't <u>preclude</u> people <u>from</u> openly talking and discussing these issues, *(The Guardian)*

人種差別、性差別、同性愛差別のハラスメントから学生を守ることを目的とした方針があるからといって、このような問題について率直に話したり、議論したりできなくなることはない。

練習

「preclude〜 from V-ing」を使って、次の日本語を英訳しましょう。
彼は病気なので海外旅行ができない。

(解答例) His illness <u>precludes</u> him <u>from</u> traveling overseas.

動名詞に頼りすぎない

Raw seafood consumption was once unthinkable in most of Europe and America.

かつて欧米の大半の地域では、 魚介類の生食は考えられなかった。

| よくある英作文 | Eating raw seafood was once unthinkable in most parts of Europe and America.

動名詞に頼りすぎず、 さらにレベルアップしよう。

STEP 1 eating raw seafood ⇒ consuming raw seafood

STEP 2 consume の名詞 consumption を使う。

　　　…the consumption of raw seafood や raw seafood consumption

EX. 時事英語での使用例

(...) although energy efficiency did improve and use of renewable sources did increase—solar power generation rose by 31%—these gains were dwarfed by the growth in the use of fossil fuels, which accounted for 70% of the rise in global energy <u>consumption</u>. (*The Economist*)

確かにエネルギー効率は向上し、 太陽光発電が31%増加するなど再生可能エネルギーの利用も増えたが、 世界のエネルギー消費量の増加の 70%を占める化石燃料使用の増加に比べれば、 その成果は微々たるものだった。

練習

動名詞を使わずに、 以下の英文を書きかえましょう。

If you use a smartphone wisely, you can learn English efficiently.

(解答例) Wise use of a smartphone enables you to learn English efficiently.

17

SVC を SVO にして、O に様々なニュアンスを加える

Sushi and other Japanese dishes enjoy enormous popularity worldwide.

寿司を始めとする日本料理は、世界中で絶大な人気を誇っている。

| よくある英作文 | Sushi and other Japanese dishes are very popular around the world.

> 「人気がある」を be popular 以外で表現したいです。

　enjoy popularity を使い SVO にします。enjoy は「享受する」とよく教わりますが、「良いものを与えられている／持っている」と覚えておくと使いやすいです。popularity を強調する形容詞には、great 以外に、<u>enormous</u> や <u>immense</u> などもあります。また、growing や increasing なら「人気が高まってきている」、continuing や enduring なら「ずっと人気だ」となります。

EX. 時事英語での使用例

> Youthful looking and elegantly attired, he says he now <u>enjoys</u> <u>"unprecedented popularity</u>, which is almost embarrassing for me — I'm not used to it". *(The New York Times)*
>
> 若々しく、気品のある装いの彼は、「空前の人気で、自分でも恥ずかしいくらいです。不慣れなもので。」と言う。

練習

「famous」の代わりに「fame」を使って英訳しましょう。

彼はギターの達人として世界中で有名だ。

(解答例) He enjoys worldwide <u>fame</u> as an accomplished guitarist.

CHAP. 6　Advanced Level #4

「thing 系」に頼りすぎない

My deeper understanding of Japan's culture and language helped me praise Kawabata's work as the embodiment of the country's aesthetics.

日本の文化や言語への理解が深まったことで、私は川端康成の作品を、日本の美学を体現するものとして評価できるようになったのだ。

| よくある英作文 | My understanding of Japan's culture and language became deeper, so I was able to praise Kawabata's work as a beautiful thing.

自分でも thing を使いすぎだなとは思います。

My deeper understanding made it easier for me to praise を My deeper understanding helped me praise にします。残りの as a beautiful thing は、thing を使わず、どんなものなのかもっと具体的に表現すると、さらに洗練された文になります。エッセイでは「日本の美学の体現」という意味の the embodiment of the country aesthetics が使われています。英語では、「何か食べたい」ではなく、「ビーフステーキが食べたい」と明確に伝える意識を持ちましょう。

EX. 時事英語での使用例

Unlike other commodities, water does not have any viable substitutes.
(*Foreign Affairs*)

他の品と異なり、水には現実的な代用品がない。

練習

「something」を使わずに具体的な名詞を使って、次の英文を書きかえましょう。

Can you bring something to the party?

(解答例) Can you bring a bottle of red wine to the party?

19

「その結果 V できた」の応用④

Later, a series of seminars (...) made it possible for me to delve deeper into other Japanese literary masterpieces.

その後、（...）一連のゼミに参加して、他の日本文学の傑作を深く探究できるようになった。

| よくある英作文 | Later, I participated in a series of seminars (...), so I was able to learn more about Japanese literature.

I participated in a series of seminars は、
A series of seminars にするだけで S にできるね。

A series of seminars made it possible for me to learn more about の、learn more about を delve deeper into に書きかえます。

delve into は「徹底的に研究する」という意味ですが、delve deeper into のように deeper とセットで使われることが多くなっています。さらに掘り下げていくイメージです。

EX. 文学での使用例

I found it a lot more enjoyable to read all of Balzac than to delve into the principles of calculus. (Murakami Haruki, *First Person Singular*)

微積分計算の原理を追究するよりは、バルザック全集を読破する方がずっと愉しかったから。

練習 「delve into」を使って、次の日本語を英訳しましょう。

私はこの本を読んで言語学をもっと深く研究したくなった。

解答例 This book inspired me to delve deeper into linguistics.

「make it possible for~ to V」の連発を避ける

> **Line-by-line comparisons between their original and translated versions deepened my appreciation of those Japanese literary giants.**
>
> （その傑作の）原文と訳文を一行ずつ比較することで、日本文学の巨匠たちへの理解が深まっていったのである。

| よくある英作文 | By comparing these original texts and their translations line by line, I was able to deepen my understanding of those Japanese literary giants.

> Made it possible for~ to V が使えるのはわかりますが…。

> ここでは、to V の V を残すだけで良いんだよ。

STEP 1 名詞のカタマリを S にする。…Line-by-line comparisons
STEP 2 make OC を繋ぐ。…made it possible for me to deepen
STEP 3 動詞の書きかえ。（deepened 1 語にできる）

例えば、This medicine will <u>make it possible to relieve</u> your headache. であれば、make it possible to を取って、This medicine will <u>relieve</u> your headache. にすると、さらに引き締まった文になります。

EX. 時事英語での使用例

| Ending tariffs on grain <u>lowered</u> food prices and <u>unleashed</u> economic growth— (*The Economist*)
| 穀物への関税を撤廃することで、食料価格が下がり、経済成長が促された。

COLUMN

Comparing the original version of Murakami Haruki's acclaimed novel *Norwegian Wood* with its English version by professor emeritus Jay Rubin of Harvard University served as an eye-opener early in my translation career. Among those illuminating sentences is one that, when translated directly into English, reads, "I didn't know anything about Tokyo, and I had never lived on my own before, so my parents were worried about me and found me that dormitory." Dr. Rubin has rendered it into English as "I was new to Tokyo and new to living alone, and so my anxious parents found a private dorm for me to live in rather than the kind of single room that most students took." Comparing these two seemingly nondescript sentences reveals the professor's attempt to employ various devices for idiomatic translation, including his use of the phrase "my anxious parents" instead of the clause "my parents were worried."

駆け出しの翻訳者の頃に、村上春樹氏の名作『ノルウェイの森』の原書と、ハーバード大学のジェイ・ルービン名誉教授の手による英訳を読み比べてみたのですが、目からうろこが落ちるような発見がありました。そのような気づきに繋がったものの一つに、「東京のことなんて何ひとつ知らなかったし、一人暮らしをするのも初めてだったので、親が心配してその寮をみつけてきてくれた。」という文があります。ルービン博士はそれを「I was new to Tokyo and new to living alone, and so my anxious parents found a private dorm for me to live in rather than the kind of single room that most students took.」と英訳しているのです。この一見何の変哲もないような2つの文を比べてみると、博士が「my parents were worried」という節ではなく、「my anxious parents」という句を用いるなど、様々な工夫を凝らして、こなれた訳にしようと努めていることがわかります。

 練習　　　　　　　　**EXERCISE**

「make it possible for~ to V」を使わずに、次の英文を書きかえましょう。
Talking with a counselor made it possible for me to relieve my sense of helplessness.

（解答例）
Talking with a counselor <u>relieved</u> my sense of helplessness.

「For example」などに頼らない例示

Among them was Natsume Soseki (...)

その中でも夏目漱石は（...）

| よくある英作文 | For example, Natsume Soseki (...)

 For example に頼らず、例を挙げる方法をもっと知りたいです。

前の複数名詞の例示をする場合には、Among them is~. を使う方法があるよ。下の例を見てみよう。

この学校には素晴らしい先生がたくさんいる。その1人が様々な英語の試験で満点を取得している一ノ瀬先生だ。

The school boasts <u>many great teachers</u>. <u>Among them</u> is Mr. Ichinose, who has achieved perfect scores on various English exams.

複数の例を挙げる際には Among them are~. のように、be 動詞が are になるので気をつけましょう。また、特に大事な例を挙げる場合には、<u>Chief among them is~.</u> や <u>Foremost among them is~.</u> のような表現が使えます。

EX. 時事英語での使用例

They（引用注— European business schools）have always held certain <u>advantages</u> over their competitors across the Atlantic. Perhaps <u>foremost among them is</u> that their graduates often earn more money. *(The Economist)*

ヨーロッパのビジネススクールは、大西洋の向こう側にある競合校に対して、常にある種の優位性を保ってきた。その最たるものが、卒業生の収入が高いことが多いことだろう。

COLUMN

In 1984, Japan saw a new 1,000 yen banknote featuring a portrait of the great Meiji-era writer Natsume Soseki enter circulation. Asked what great achievement it was that had made him the face of the note, my mother told me that he had penned masterpieces such as *I am a Cat*. This enigmatic title of his first novel evoked the image of a fantasy story involving a mysterious cat, which intrigued me to read it. Although I found the opening line, "I am a cat. I have no name yet," hilarious, the rest of the story, in which the cat describes the beauty and ugliness of human society from his feline viewpoint, was beyond my young mind, making it impossible for me to finish it.

1984 年、 明治の文豪、 夏目漱石の肖像が描かれた新千円札が日本で流通するようになりました。 どんな偉業を成し遂げてこの紙幣の顔になったのか母に聞いてみると、 『吾輩は猫である』 などの名作を書いたことを教えてくれました。 この謎めいた処女作の題名から、 不思議な猫が登場するファンタジー小説を想像して、 読んでみたくなりました。 しかし、 「吾輩は猫である。 名前はまだない」 という最初の部分はとても面白いと思ったのですが、 その後の人間社会の美醜をネコの視点で描いていく展開は、 幼かった私には理解しがたく、 読破することができませんでした。

✎ 練習 **EXERCISE**

「among」 を使って、 次の英文に例を加えましょう。

1. Takeshi speaks five languages.
2. I have three people I count as my best friends.
3. Taro has been to fifty countries.

（解答例）

1. <u>Among them</u> is Thai, which he learned in his thirties.
2. <u>Among them</u> is Hideyuki, who now lives in Detroit.
3. <u>Among them</u> is Sri Lanka, where he met his current wife.

「better」に頼りすぎない②

(Among them was Natsume Soseki), whose penetrating insights into human nature far surpassed those of his contemporaries.

（その中でも夏目漱石は、）人間の本質に対する鋭い洞察力で他の追随を許さない存在だった。

| よくある英作文 | His great insights into human nature were far better than those of others.

 エッセイでは、A is better than B を使わずに表現していますね。

<u>A surpasses B.</u> を使う方法です。his を , whose にして Soseki に付け、were far better than を far surpassed にします。

great に頼らずに penetrating という形容詞を使って insights を修飾しているところにも注目しましょう。<u>contemporaries</u> は「同時代の人」という意味です。A surpasses B. 以外に、<u>A is unrivaled by B.</u> という表現もあります。

EX. 時事英語での使用例

Although Rome far <u>surpassed</u> any other ancient city in size and monumental splendour, its minimal economic and social achievement augured ill for the future. (*Encyclopeadia Britannica*)

ローマは、その規模や建造物の豪華さでは他の古代都市の追随を許さなかったが、経済的、社会的な成果は微々たるものだったため、未来への暗雲が垂れ込めた。

 「surpass」を使って、次の日本語を英訳しましょう。
練習 カオルは、ドリブルのスキルにおいて他の日本人選手の追随を許さない。

（解答例）Kaoru far <u>surpasses</u> any other Japanese player in dribbling skills.

POINT 23

「悪影響を与える」という意味の表現

His troubled stay in Britain and chaotic life after his return home may have wreaked havoc on his mental health.

英国滞在で苦労したり帰国後に混沌とした生活を送ったりしたことで心に深い傷を負ったのかもしれない。

| よくある英作文 | His troubled stay in Britain and chaotic life after his return home made him mentally ill.

> 無生物を S にした make OC までは、書けるのですが…。

　「苦労して心に傷を負った」は、「苦労が心に悪影響を与えた」だと考えられます。つまり、have an adverse effect on~ や adversely affect~ のような表現を使って書きかえられます。さらに強めるには、prevent something from working normally という意味の <u>damage</u> や <u>wreak havoc on</u> が使えます。

- His troubled stay in Britain <u>had an adverse effect</u> on his mental health.
- His troubled stay in Britain <u>adversely affected</u> his mental health.
- His troubled stay in Britain <u>wreaked havoc on</u> his mental health.

EX. 文学での使用例

| The moonlight <u>wreaked havoc on</u> her mind. (Murakami Haruki, *1Q84*)
| 月の光は音もなく彼女の心を乱す。

練習

「wreak havoc on」を使って、次の日本語を英訳しましょう。
そのハリケーンは、アメリカ南部に大きな被害をもたらした。

(解答例) That hurricane <u>wreaked havoc on</u> the southern United States.

「SVOC」に頼りすぎない

It was precisely such ordeals that added to the depth of his literary works.

まさにそのような試練があったからこそ、彼の文学作品の深みが増したのだ。

| よくある英作文 | It was precisely such ordeals that made it possible for him to increase the depth of his literary works.

> ほぼ同じですが、made it possible for him to がないですね。

> made it possible for him to を取るだけで、
> スッキリした表現になるよ。increase だけで用が足りるからね。

・Such ordeals <u>made it possible for him to increase</u> the depth of his literary works.

⇒ Such ordeals <u>increased</u> the depth of his literary works.

⇒ Such ordeals <u>added to</u> the depth of his literary works.

add to~ は increase~ の類義語として覚えておくと使いやすくなります。

EX. 時事英語での使用例

War in Ukraine has caused European natural-gas prices almost to double and sent oil prices soaring to over $115 a barrel. That has <u>added to</u> the inflation problem facing the world's central banks. *(The Economist)*

ウクライナでの戦争によって、ヨーロッパの天然ガス価格がほぼ2倍になり、原油価格は1バレル115ドル以上に高騰している。このため、世界の中央銀行が直面しているインフレ問題に拍車がかかっている。

COLUMN

Book writing presents many obstacles that sometimes bring you to the point of giving up halfway through. It is not uncommon to sit at a desk for hours on end, producing nothing, computer screen remaining empty. A relaxing walk or a nice cup of coffee may sometimes help brilliant ideas pop into your head, filling page after page with words as if all the lack of progress had been an illusion. However, writing rarely works that way, and far more time is spent in agony. Despite all those birth pains, the help of editors and other dedicated contributors is what keeps you going through the long process of writing. Seeing your manuscript finally take the form of a printed book never fails to bring a rush of emotion as you realize that your efforts have not been in vain. A strong feeling of gratitude also wells up in you for all those involved in the publication process. The marathon of book writing depends on the presence of those competent companions.

書籍の執筆をしていると苦労も多く、 途中で投げ出してしまいそうになることもあります。 何時間も机に向かっていても、 何も浮かんでこずに、 パソコンの画面が空っぽのままということも珍しくありません。 そんな時、 散歩やコーヒーでリラックスすると、 行き詰まっていたのが嘘であるかのように、 名案が浮かんできて、 ページがどんどん埋まっていくこともあります。 しかし、執筆がそんなふうに進むことはめったになく、 悶々としている時間の方がはるかに長いのです。そんな生みの苦しみを抱えながらも、 編集者を始めとする協力者が献身的に支えてくれるお陰で、 長い執筆作業を続けることができます。 自分の書いた原稿が一冊の本になるのを見ると、これまでの努力が無駄ではなかったと実感して、 胸がいっぱいになるのです。 出版に携わった全ての方への感謝の気持ちも湧いてきます。 書籍執筆というマラソンを走りきるには、 そのような頼もしい伴走者の存在が欠かせないのです。

練習   **EXERCISE**

「add to」を使って、次の日本語を英訳しましょう。
理想的な上司がいるので、ここで仕事をするのがますます楽しい。

(解答例)

The presence of an ideal supervisor has <u>added to</u> the pleasure of working here.

逆接の表現のバリエーションを増やす

For all Soseki's brilliance as a writer,

漱石は優れた小説家ではあったが、

| よくある英作文 | Although Soseki was brilliant as a writer,

前置詞 Despite の類義語の For all を使って書きかえたうえで、
その後ろに名詞のカタマリを置いているね。

STEP 1 接続詞 Although を前置詞 Despite の類義語の For all にする。

STEP 2 後ろに Soseki's brilliance as a writer という名詞のカタマリを置く。

despite の類義語に in spite of、for all、with all などがあります。あわせて覚えておきましょう。

EX. 文学での使用例

| For all her winning smile, there was a trace of uneasiness in her eyes.
| (Higashino Keigo, *Newcomer*)
| 頼子（引用注-彼女）は愛想笑いをした。だがその目は少し不安そうだ。

練習

「despite」を使って、次の日本語を英訳しましょう。

必死の努力もむなしく、彼はその試合に勝てなかった。

解答例 Despite his desperate efforts, he could not win the match.

「go」をもっと使いこなす②

---

my greatest admiration goes to Mori Ogai (...)

私が最も尊敬しているのは森鷗外であり（...）

| よくある英作文 | I admire Mori Ogai most (...)

> My greatest admirationをSにすれば、動詞に go が使えますね!

　Chapter 1 の POINT 15 で「全ての人に心から感謝したい」という内容をどのように英語にしたか覚えていますか？　答えは My heartfelt thanks go to all of them. です。go to~ には「〜に与えられる」や「〜のものとなる」という意味がありました。同様に、ここでも「尊敬の気持ちが鷗外に与えられる」という意味で My greatest admiration goes to Mori Ogai. という英語にしています。

EX. 時事英語での使用例

Our (reluctant) admiration <u>goes to</u> people who can do things we can't.
(*The New Yorker*)

自分にはできないことをやってのける人を、（不本意ながら）称賛するのだ。

練習

「go」を使って、次の日本語を英訳しましょう。

1．特に、ユイトが最後まで頑張り抜いたことを褒めてあげたい。

2．彼のご家族に心からお悔やみ申し上げます。

解答例 1. My special praise <u>goes to</u> Yuito for sticking it out to the end.
2. My heartfelt condolences <u>go to</u> his family.

「, whose」で理由を表す

(Mori Ogai), whose weighty responsibilities as an army surgeon never dampened his enthusiasm about literature.

軍医としての重責を抱えながらも、執筆への情熱が衰えることがなかったからだ。

| よくある英作文 | because, even though he had weighty responsibilities as an army surgeon, he remained enthusiastic about literature.

 his weighty responsibilities を S にすることはできるのですが…。

his を , whose にして、Mori Ogai に付けてみよう。

STEP 1　S を作る。…, whose weighty responsibilities

STEP 2　made~ less intense という意味の dampened に never を付けて V にする。

STEP 3　his enthusiasm about literature を O にする。

＊ never dampen で、「決して削がない」という意味になります。

　ここでの非制限用法の関係代名詞 , whose は , because his という意味で、前の節の「森鷗外を最も尊敬している」という内容の理由を述べています。

EX. 時事英語での使用例

| It（引用注— Taiwan）cannot hope to outspend China, whose defence budget is 20 times larger (...) *(The Economist)*
| 台湾が、中国より資金的に勝ることは期待できない。中国は国防予算が 20 倍もあるからだ。

COLUMN

The image of Mori Ogai, a great Meiji-era writer who never lost his enthusiasm about literature despite his heavy responsibilities as a military doctor, reminds me of those who devote themselves to learning English in between their intense work commitments. While my work as a writer, lecturer and translator leaves me little time for self-improvement, many learners keep up their daily study and achieve excellent results in English exams despite their hectic work schedules. Some even manage to obtain outstanding scores on the IELTS and TOEFL® tests to pursue their studies abroad as doctors and lawyers. Their presence underlines the importance of giving our all towards our dreams with no excuses.

　明治の文豪、 森鷗外が軍医という重責を担いながらも文学への情熱を失わなかった姿は、 激務の合間に英語学習に励む人達に似ています。 私はライター、 講師、 翻訳者として仕事をしているため、 なかなか自己研鑽のための時間が取れません。 しかし忙しい仕事の合間を縫って毎日勉強を続け、 英語の試験で優秀な成績を収めている学習者がたくさんいるのです。 中には、 IELTS や TOEFL® で高得点を取得して、 医師や弁護士として海外で研鑽を重ねる人もいます。 その姿を見ると、 言い訳せずに夢に向かって全力を尽くすことの大切さがわかるのです。

練習　　EXERCISE

「, whose」 を使って、 次の日本語を英訳しましょう。

1. 私は夫の太郎と海外旅行に行くことができなかった。 彼は新米政治家として多忙な日々を送っており、 家族のためにあまり時間を割けなかったからだ。

2. 私は花子からたくさんのことを学んだ。 忙しいスケジュールの合間を縫って勉強に励み、 TOEFL® で満点を取ったからだ。

（解答例）

1. I could not travel abroad with my husband Taro, whose hectic schedule as a newly elected politician prevented him from devoting much time to his family.

2. I learned a lot from Hanako, whose dedication to studying enabled her to achieve a perfect score on the TOEFL despite her hectic schedule.

CHAP. 6

Advanced Level #4

「There 構文」に頼りすぎない②

His tombstone makes no mention of his literary or military achievements,

鷗外の墓碑には、文学や軍隊に関する功績への言及は一切なく、

| よくある英作文 | On his tombstone, there is no mention of his literary or military achievements,

on をとって His tombstone を S にしていますね。

その後の書きかえを確認しよう。

STEP1 名詞のカタマリを S にする。…His tombstone
STEP2 V を続ける。…does not mention
STEP3 動詞の書きかえ。…does not mention ⇒ makes no mention of

EX. 文学での使用例

Understandably, Doyle was highly reluctant publicly to discuss his father's history. His autobiography <u>makes no explicit mention of</u> Charles Altamont Doyle's alcoholism or his insanity (...) (Arthur Conan Doyle, *Gothic Tales*)

当然ながら、ドイルは父親の経歴を公然と語ることには非常に消極的だった。自伝では、チャールズ・アルタモント・ドイルのアルコール依存症や狂気についてはっきりとは言及していない。

COLUMN

You have made it this far in this book without falling behind, and that means you have strong perseverance as well as great English skills. Combine them with whatever expertise you may have, and many wonderful opportunities will open up for you. I don't have what could be called expertise outside of English, but even so, my dedication to the world's lingua franca has helped me connect with people from all walks of life, including you, who have chosen this book out of all the English language reference books available out there. There is one last practice chapter left in this book. If you take what you have learned so far with me and give it a go, it will further hone your writing skills. Good luck!

この本をここまで挫折せずに読み進められたのは、高い英語力に加えて、強い忍耐力が備わっている証です。この二つに、ご自身の専門性が加われば、素晴らしい可能性が開けてくることでしょう。私には英語以外に専門知識と呼べるものはありませんが、それでもこの世界の共通語をひたすら勉強したことで、様々な方々とご縁がありました。数ある英語参考書の中からこの本を選んでくださったあなたもその1人です。本書には最後に演習の章が残っています。これまで一緒に学んできたことを活かして挑戦すれば、ライティング力にさらに磨きがかかること間違いなしです。頑張りましょう!

練習　　　　　EXERCISE

「make no mention of」を使って、次の日本語を英訳しましょう。

この本には彼がどこで生まれたのかはっきりと書かれていない。

(解答例)

The book <u>makes no clear mention of</u> where he was born.

「with only OC」でわずかな例外を加える

with only his real name, Mori Rintaro, inscribed on it.

ただ本名の森林太郎と刻まれているだけだ。

| よくある英作文 | Only his real name, Mori Rintaro, is inscribed on it.

with only OC に書きかえて、前の文に足してみよう。

His tombstone makes no mention of his literary or military achievements という前の節に、with only his real name, Mori Rintaro, inscribed on it という with OC を加えます。with は省略可能です。

EX. 時事英語での使用例

| When George Bush prematurely declared an end to major combat operations in May 2003 most Americans were behind the war, <u>with only</u> a quarter saying it was a mistake (...) *(The Economist)*

| 2003 年 5 月、 ジョージ・ブッシュが早まって大規模な戦闘行為の終結を宣言した際、 大半のアメリカ人はこの戦争を支持しており、誤りだと答えたのは 4 分の 1 に過ぎなかった。

このように付帯状況の with を使って前述の内容を数字で具体化するパターンは頻出です。

練習

「with only」を使って、次の日本語を英訳しましょう。
英語を話せる日本人は少数で、流暢に話せる人は 10% 未満にすぎない。

(解答例) A small minority of Japanese speak English, <u>with only</u> less than 10% of the population being fluent in the world's lingua franca.

30

「This + 名詞」で前述の内容を明確に

This modesty epitomizes the aesthetics of Japanese culture.

この謙虚さが、日本文化の美学を象徴している。

| よくある英作文 | This symbolizes the aesthetics of Japanese culture.

> This に前文の内容をまとめた名詞を足すと読みやすいよ。

　前文の「墓碑に文学や軍隊に関する功績への言及は一切なく、本名の森林太郎と刻まれているだけだ」という内容の謙虚さを modesty という名詞でまとめて This modesty にしています。

EX. 文学での使用例

The money was so unexpected, so enormous in its ramifications, that I felt as if an angel had dropped down from the sky and kissed me on the forehead. The man most responsible for <u>this stroke of good fortune</u> was John Bernard Myers. (Paul Auster, *Hand to Mouth*)

予期せぬ金が舞い込んできて、途方もない影響を及ぼしたため、私はまるで天使が空から降ってきて、額にキスをしてくれたかのような気分になった。この幸運をもたらしてくれた最大の立役者は、ジョン・バーナード・マイヤーズだった。

練習

次の英文の「This」の後に前文を端的に表す名詞を足しましょう。

His business has taken off. This is attributable to his hard work.

(解答例) His business has taken off. <u>This success</u> is attributable to his hard work.

CHAP. 6 Advanced Level #4

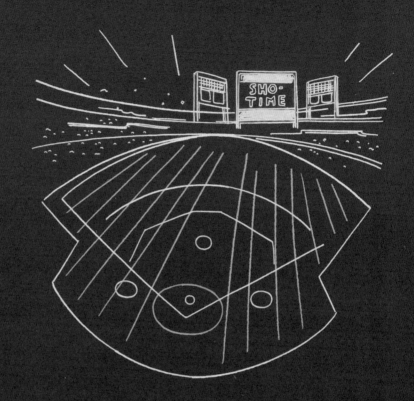

Practice

Sho-time

Chapter 7は、総仕上げの章です。これまでに英文を読みながら学んできたライティングのテクニックを使いながら、日本語を英語にしてみましょう。覚えた知識は、使ってみることで定着していきます。今回はサンプルのエッセイを英訳する練習ですが、Chapter 7を終えたら、ぜひ自分なりのエッセイも書いてみてください！

ショータイム

　二兎を追う者が二兎を得ることもあるのが日本の高校野球で、投打に秀でたアマチュア選手も珍しくはない。それでもプロになるとどちらかを選択せざるを得なくなるのだが、大谷翔平の場合は違った。日米で超人的な偉業を成し遂げたことで、球界は従来の考えを改めることを余儀なくされた。その結果、「二刀流」に指定された野手が無制限で投球を許される新ルールが、メジャーリーグで導入されたのである。

　高校時代の大谷は、多才ぶりを発揮し、日本の北部にある地元岩手県で最も脚光を浴びる選手となった。卒業後に渡米すると決めているのは周知の事実だったのだが、2012 年に北海道日本ハムファイターズにドラフト 1 位で指名されたことで、後に「ショータイム」と呼ばれることになる驚異的な選手へ徐々に成長を遂げることとなった。チームが工夫を凝らして立てた計画のお陰で、大谷は前例のない二刀流の道を歩んでいくことができたのだ。

　大谷が大きな目標を掲げたことで、一部の日本の保守的な野球評論家は憤慨した。東京ヤクルトスワローズを始めとする NPB 球団で監督を務めた野村克也は、未熟な若造の分際でプロ野球を甘く見るなと言い放った。日米通算 4367 安打という前人未到の

記録を打ち立てた日本人外野手のイチローでさえ、バッティング
に専念した方が本人のためになると示唆したほどだ。実際に、ベ
ーブ・ルース以来、太平洋の両側で二刀流の成功例がなかったこ
とから、ファイターズ球団内でも、プロレベルで二役をこなすだ
けの能力があるのか疑問視する者も当初は多かった。しかし、当
時の栗山英樹監督の信念は揺るがず、その甲斐あって、大谷は真
の二刀流の天才へと進化を遂げ、1シーズン10勝、100安打、20
本塁打を達成した日本プロ野球史上初の選手となったのだ。

　案の定、2018年に大谷がメジャーリーグのロサンゼルス・エ
ンゼルスに移籍すると、投打の能力をあざ笑う声が多くの人から
上がり、MLBコラムニストのジェフ・パッサンは、スイングに
欠点があり英語が話せないため、新しい環境には順応できないと
書き立てた。しかし、大谷が懸命に努力し、エンゼルスが誠心誠
意支えたことで、類まれな才能が開花した。2021年には投手と
して9勝、打者として46本塁打を記録するという歴史的な偉業
を成し遂げ、満場一致でMVPに輝いた。MLBで100年ぶりと
なる正真正銘の二刀流選手へ進化を遂げ、その才能を疑う人達を
沈黙させたのだ。

（オリジナル問題）

~~~~~~~~~ SENTENCE **01** ~~~~~~~~~

二兎を追う者が二兎を得ることもあるのが日本の高校野球で、投打に秀でたアマチュア選手も珍しくはない。

✹ 決まり文句の活用を意識する

ヒデ： これは、ことわざの「二兎を追う者は一兎をも得ず」をもじったものですね。

先生： そうだね。**エッセイの冒頭では読者の興味をひきつけることが必要**だから、決まり文句を使った「つかみ」で印象を強めようとしているんだね。

エリ： 「二兎を追う者は一兎をも得ず」をもじって「投打の二刀流を追い求めてしまうと、どちらも失敗に終わってしまう」という意味にするなら、He who runs after two hares catches neither. になりますね。

ヒデ： その neither を both にして、He who runs after two hares catches both. にすれば、「二兎を追う者は二兎を得る」という意味になるから、投打の二刀流で成功することをほのめかす形になりますね。

先生： その通り。「～することもある」は sometimes という副詞を使って表現できるから、He who runs after two hares sometimes catches both in high school baseball in Japan. になるね。そこに「投打に秀でたアマチュア選手も珍しくはない」という内容を加えてみよう。

エリ： Japan で終わっているので、**非制限用法の関係副詞の , where** を続けるのがいいと思います。

先生： お見事。その後ろはいわゆる「完全文」になるね。

ヒデ： 「投打に秀でたアマチュア選手」は、amateur players who are good at both pitching and batting でいいですか？

先生： good よりもレベルの高い単語に書きかえるのもいいかもしれない。例えば、be good at~ は excel at~ にできるんじゃないかな。

エリ： amateur players who excel both at pitching and batting ですね。

ヒデ： who excel を excelling にするのはどうですか？

先生： いいね！ それを S にして、are not uncommon という VC を続けると、

英訳が完成するよ。

| **SENTENCE 01** | **完成英作文**

He who runs after two hares sometimes catches both in high
school baseball in Japan, where amateur players excelling
both at pitching and batting are not uncommon.

二兎を追う者が二兎を得ることもあるのが日本の高校野球で、投打に秀でたアマチ
ュア選手も珍しくはない。

~~~~~~~~~~~~~~~~~~~~~~ SENTENCE **02** ~~~~~~~~~~~~~~~~~~~~~~

それでもプロになるとどちらかを選択せざるを得なくなるのだが、大谷
翔平の場合は違った。

~~~~~~

✴ 言いかえの意識を高く持つ

ヒデ： 「プロになると」は、When they become professional にできますね。

エリ： become の代わりに <u>turn</u> が使えると思います。

先生： お見事。「白髪になる」を <u>turn gray</u> にしたり、「紅葉する」を <u>turn red</u> にし
たりするのと同じ SVC の文だね。When SV を書きかえる方法はあるかな？

エリ： On V-ing とか Upon V-ing を使う方法があると思います。

ヒデ： そうすると Upon turning professional になるってことですね。

先生： そうだね。「どちらかを選択せざるを得なくなる」はどうする？

エリ： すぐに思いつくのは have to V ですね。

ヒデ： あ、<u>be compelled to V</u> とか、<u>be forced to V</u> を使うのはどうだろう。

先生： 素晴らしいね。そうすると Upon turning professional, they are compelled
to choose between them になるね。これに「大谷翔平の場合は違った。」
という内容を足すとどうなるかな？

エリ： 直訳すると、but Ohtani Shohei was different. になるけど、味気ない
気がするなあ。何かいい言いかえはありますか？

先生： <u>except for~</u> を使って、前に述べたことの例外を加える方法があるよ。

エリ：　なるほど。except for Ohtani Shohei にするってことですね。

先生：　その通り。ダッシュを使って、この部分を前の節と切り離すことで、内容を強調できるよ。

| SENTENCE 02 | 完成英作文

Upon turning professional, however, they are compelled to choose between them—except for Ohtani Shohei,

それでもプロになるとどちらかを選択せざるを得なくなるのだが、大谷翔平の場合は違った。

〜〜〜〜〜〜〜　SENTENCE **03**　〜〜〜〜〜〜〜

日米で超人的な偉業を成し遂げたことで、球界は従来の考えを改めることを余儀なくされた。

〜〜〜〜〜〜〜〜〜〜〜〜〜〜〜〜〜〜〜〜〜

✳ make OC からさらに書きかえる

エリ：　前半部分は He achieved superhuman feats になりますね。

ヒデ：　それをさらに His superhuman feats っていう名詞のカタマリにできるね。

先生：　He のような主格だけではなくて、His のような所有格で文を始められるのも大事なことだったね。

エリ：　あと、直前の文が Ohtani Shohei で終わっているので、His を <u>, whose</u> にして、前の節に直接繋げられると思います。

先生：　お見事。所有格で始められるようになると、whose という関係代名詞も使いやすくなる。書き始めを変えると残りも必然的に変わるんだ。

| SENTENCE 03 | ここまでの英作文

, whose superhuman feats in Japan and the US (...)

先生：　これに「球界は従来の考えを改めることを余儀なくされた。」という内容を続けるとどうなるかな？

ヒデ： make OC を続けると、made it necessary for the baseball world to change that conventional way of thinking. になりますね。

先生： とりあえず make OC を続けられないかと考えてみるのはとても大事なことだったね。

エリ： make it necessary for~ to V を <u>force~ to V</u> にするのはどうですか？

先生： 名案だね。とても便利な make OC だけれど、あまり頼りすぎないように、さらに書きかえるのも大切なことだよ。これで完成したね。

| **SENTENCE 03** | 完成英作文

, whose superhuman feats in Japan and the US have forced the baseball world to change that conventional way of thinking.

日米で超人的な偉業を成し遂げたことで、球界は従来の考えを改めることを余儀なくされた。

~~~~~~~~ SENTENCE **04** ~~~~~~~~

その結果、「二刀流」に指定された野手が無制限で投球を許される新ルールが、メジャーリーグで導入されたのである。

~~~~~~

✱ 冗長な表現をスッキリさせる

ヒデ： 「『二刀流』に指定された野手が無制限で投球を許される新ルール」は A new rule that allows players who are designated as two-way to pitch with no restrictions に直訳できますね。でもちょっと冗長かな。

エリ： players who are designated as two-way は <u>designated two-way players</u> にできると思います。

先生： 関係代名詞に頼りすぎずに名詞のカタマリを作ることも大事だったね。

ヒデ： それを使って残りを続けると、A new rule that allows designated two-way players to pitch with no restrictions was introduced in Major League Baseball (MLB). になるけど、S が長くてバランスが悪いな。

先生： そういう場合は、**関係代名詞節を後置する**方法があるよ。

ヒデ： A new rule was introduced in Major League Baseball (MLB) that allows designated two-way players to pitch with no restrictions. ですね。

先生： お見事。その前に <u>hence</u> などの副詞を付けると、とりあえず SENTENCE 04 の英訳が完成するよ。

エリ： とりあえず？　まだ書きかえられるんですか？

先生： a new rule was introduced (...) を the introduction of a new rule (...) という名詞のカタマリにする方法がある。

ヒデ： それを S にしたら続きはどうなりますか？

先生： 実はそのままでいいんだよ。hence という副詞の後ろは、名詞のカタマリだけになっていることも多いからね。名高いイギリスの週刊誌の *The Economist* にも "Concerns have grown over poor labor conditions. <u>Hence</u> the new law that, on its face at least, dramatically changes the balance of power between workers and employers." という例があるよ。

| SENTENCE 04 | 完成英作文

Hence the introduction of a new rule in Major League Baseball (MLB) that allows designated "two-way" players to pitch with no restrictions.

その結果、「二刀流」に指定された野手が無制限で投球を許される新ルールが、メジャーリーグで導入されたのである。

~~~~~~~~~~~~~~~~ SENTENCE **05** ~~~~~~~~~~~~~~~~

高校時代の大谷は、多才ぶりを発揮し、日本の北部にある地元岩手県で最も脚光を浴びる選手となった。

~~~~~~

✳ 表現力アップの秘訣は辞書を活用すること

エリ： 前半部分は直訳すると Ohtani was versatile when he was a high school student になりますね。

先生：　versatile という形容詞を使っているのはお見事だね。be versatile は、have various skills という意味だね。実際に高校時代の大谷は泳ぎも得意で、水泳選手になっていたらオリンピックでメダルを獲得していたはずだという人がいるくらいだから、ここではピッタリの形容詞だよ。

ヒデ：　その Ohtani was versatile when he was a high school student を名詞のカタマリにすると、Ohtani's versatility as a high school student にできますね。

先生：　その通り。「S が C だった時」という内容は、「as + 名詞」でコンパクトに表現できるんだったね。その続きはどうなるかな？

ヒデ：　とりあえず make OC を続けると、made him the most famous player in his native Iwate Prefecture in northern Japan. になりますね。

エリ：　famous 以外の形容詞も使ってみたいな。例えば、outstanding とか prominent とか。

先生：　名案だね。outstanding は、remarkable や impressive の類義語で、「ずば抜けた」という意味だよ。prominent は、famous と important を足したような意味を持つ形容詞なんだ。**類語辞典やコロケーション辞典などの辞典も積極的に活用すると、いろいろな形容詞が使えるようになる**から意識しよう。

| **SENTENCE 05** | 完成英作文

Ohtani's versatility as a high school student made him the most prominent player in his native Iwate Prefecture in northern Japan.

高校時代の大谷は、多才ぶりを発揮し、日本の北部にある地元岩手県で最も脚光を浴びる選手となった。

卒業後に渡米すると決めているのは周知の事実だったのだが、2012年に北海道日本ハムファイターズにドラフト1位で指名されたことで、後に「ショータイム」と呼ばれることになる驚異的な選手へ徐々に成長を遂げることとなった。

✴ 常に他の言い方がないか考える

ヒデ： 「卒業後に渡米すると決めているのは周知の事実だったのだが」は、Although it was well known that he was determined to leave for the US after he graduated, にできますね。

エリ： Although ～ US の前半部分は Despite his well-known determination to leave for the US にできるね。

ヒデ： 続きの後半部分は after graduation にできる。

> **SENTENCE 06** | ここまでの英作文
>
> Despite his well-known determination to leave for the US after graduation

先生： これに「2012年に北海道日本ハムファイターズにドラフト1位で指名されたことで、後に『ショータイム』と呼ばれることになる驚異的な選手へ徐々に成長を遂げることとなった」という内容を続けていこう。「ドラフト1位で指名される」というのは、<u>be picked first in the draft</u> という英語にできるよ。

ヒデ： He was picked first in the 2012 draft by the Hokkaido Nippon-Ham Fighters ですね。これを名詞のカタマリにする方法はあるのかな。

エリ： He was picked を Being picked っていう動名詞にするのはどう？

先生： 名案だね。その後に make OC を続けると？

ヒデ： made it possible for him to gradually evolve into a phenomenon になるね。

エリ： made it possible for は enabled にできる。

ヒデ： 「lead to 名詞」を使う方法もあるね。つまり、led to his gradual evolution into a phenomenon にするってこと。

先生： お見事だね。led to の代わりに「お膳立てをする」という意味の、<u>set the stage for</u> を使うのも面白いよ。そのうえで phenomenon を that was later to be described as "Sho-time" という関係代名詞節で修飾すれば、SENTENCE 06 の英訳が完成するね。

| SENTENCE 06 | 完成英作文

Despite his well-known determination to leave for the US after graduation, being picked first in the 2012 draft by the Hokkaido Nippon-Ham Fighters set the stage for his gradual evolution into a phenomenon that was later to be described as "Sho-time."

卒業後に渡米すると決めているのは周知の事実だったのだが、2012 年に北海道日本ハムファイターズにドラフト 1 位で指名されたことで、後に「ショータイム」と呼ばれることになる驚異的な選手へ徐々に成長を遂げることとなった。

~~~~~~~~ SENTENCE **07** ~~~~~~~~

チームが工夫を凝らして立てた**計画**のお陰で、大谷は前例のない二刀流の道を歩んでいくことができたのだ。

~~~~~~~~~~~~~~~~~~~~~~~~~~~~~~~~~~

✱ make OC に頼りすぎないようにする

エリ： 前半は The team came up with an innovative plan にできますね。

先生： 「考え出す」という意味の <u>come up with</u> を使ったのはお見事だね。

ヒデ： <u>innovative</u> っていう形容詞で plan を修飾したのもうまいですね。

先生： そうだね。他にも「入念な」という意味の <u>elaborate</u> や「独創的な」という意味の <u>ingenious</u> のような形容詞を使って、plan という名詞を修飾することができるんだよ。

ヒデ： さらに、The team came up with an innovative plan を The team's innovative plan という名詞のカタマリにして、S にすることもできますね。

先生： いいね！ それに make OC を続けるとどうなるかな？

エリ： made it easier for him to walk the unprecedented two-way trail になる。

ヒデ： <u>unprecedented</u> っていう形容詞はハイレベルだね。すごい。

先生： 「前例のない」という意味の形容詞だね。あと、**walk** という動詞と trail という名詞のコロケーションもお見事だよ。<u>trail</u> は「小道」や目的達成のための「経路」という意味なんだ。<u>two-way trail</u> で「二刀流としての成功の経路」というニュアンスになるから、ここで使うのにピッタリの名詞だね。

ヒデ： made it easier for him to walk は helped him (to) walk にできますね。

エリ： help~ (to) V の類義語で、aid~ in V-ing もあったよね。

先生： よく覚えていたね。それを使って書きかえるとどうなるかな？

ヒデ： helped him to walk が aided him in walking になります。

先生： その通り。make OC に頼りすぎない方法もかなり定着してきたね。

| SENTENCE 07 | 完成英作文

The team's innovative plan aided him in walking the unprecedented two-way trail.

チームが工夫を凝らして立てた計画のお陰で、大谷は前例のない二刀流の道を歩んでいくことができたのだ。

SENTENCE **08**

大谷が大きな目標を掲げたことで、一部の日本の保守的な野球評論家は憤慨した。

✴ 熟語の活用にも挑戦

ヒデ： 「大きな目標を掲げたこと」は、Ohtani's big goal という名詞のカタマリにできそうですね。

エリ： Ohtani's lofty aspirations にするのもありだと思うよ。

先生： lofty という形容詞と aspirations という名詞のコロケーションはお見事だね。2つを組み合わせると「大きな志」という意味になるんだ。aspirations というふうに、複数形で使うことが多いということを覚えておこう。

ヒデ：　それを S にすると、made certain conservative baseball critics angry という make OC が続けられますね。

先生：　critics の代わりに「ご意見番」という意味の <u>pundits</u> を使ってみるのもいいと思うよ。

エリ：　あと、make~ angry は <u>anger~</u>、<u>enrage~</u>、<u>upset~</u> みたいな動詞 1 語にできますね。

先生：　<u>make one's blood boil</u> や <u>ruffle one's feathers</u> などを使う方法もある。

ヒデ：　一つ目は誰かの血を煮えたぎらせるってことですね。激怒する感じだ。

エリ：　二つ目は鳥が羽を逆立て威嚇している様子を表していますね。面白い。

先生：　それを使った It takes a lot to ruffle Takeshi's feathers. はどういう意味になるかわかるかな？

ヒデ：　タケシの羽を逆立てるのには多くのものが必要？？？

エリ：　よっぽどのことがないと怒らないっていうことね。

先生：　その通り。He rarely gets angry. というよりも味があるね。

ヒデ：　面白いですね。「怒らせる」っていう内容を書く時は、make~ angry しか使ってこなかったけど、他にもいろいろな表現があるんだな。

先生：　そうだね。類語辞典を引いて、いろいろ使ってみるといいよ。

| SENTENCE 08 | 完成英作文

Ohtani's lofty aspirations ruffled the feathers of certain conservative baseball pundits.

大谷が大きな目標を掲げたことで、一部の日本の保守的な野球評論家は憤慨した。

SENTENCE **09**

東京ヤクルトスワローズを始めとする NPB 球団で監督を務めた野村克也は、未熟な若造の分際でプロ野球を甘く見るなと言い放った。

✳ 固有名詞への配慮を忘れずに

ヒデ：　ここは SENTENCE 08 で出てきた baseball pundits の例だから、For

example とか For instance で始めたくなるところですね。

エリ： baseball pundits の後ろに such as とか including を付けて、baseball pundits, such as Nomura Katsuyaとか、baseball pundits, including Nomura Katsuya にする方法があるよね。

ヒデ： 確かに。でもこの文ってかなり長くなりそうだから、SENTENCE 08 に直接足さずに一回切って、Among them was Nomura Katsuya で始める方がいいんじゃないかな。

先生： そうだね。前後の文の長さのバランスまで意識して選択したのは素晴らしいことだよ。その後に「東京ヤクルトスワローズを始めとする NPB 球団で監督を務めた」という内容を足していこう。固有名詞を書いたら、どういうものかわからない読者のために、後ろに説明を加えることはとても大事だったね。

ヒデ： , who was former manager of some Nippon Professional Baseball teams, including the Tokyo Yakult Swallows で大丈夫ですか？

先生： すぐにそれだけ書ければ立派だよ。「監督」のような一つの組織に一つしかないものが C になっている時は、定冠詞の the がいらないということを学習したよね。そういう学習内容をしっかり活かせているのはとても大事なこと。それから、who was は省略できるよ。同格のカンマだけで用が足りるからね。

エリ： あと、some Nippon Professional Baseball teams, including the Tokyo Yakult Swallows は the Tokyo Yakult Swallows and some other Nippon Professional Baseball teams にできると思います。

先生： そうだね。A and some other B. で「A を始めとするいくつかの B」という意味になるよ。ここまで書いたものに who said that an inexperienced youngster like him should not underestimate professional baseball を加えると、SENTENCE 09 の英訳が完成するね。

| SENTENCE 09 | 完成英作文

Among them was Nomura Katsuya, former manager of the Tokyo Yakult Swallows and some other Nippon Professional Baseball teams, who said that an inexperienced youngster like him should not underestimate professional baseball.

東京ヤクルトスワローズを始めとする NPB 球団で監督を務めた野村克也は、未熟な若造の分際でプロ野球を甘く見るなと言い放った。

SENTENCE **10**

日米通算 4367 安打という前人未到の記録を打ち立てた日本人外野手のイチローでさえ、バッティングに専念した方が本人のためになると示唆したほどだ。

✱ 読者への配慮が大事

エリ： 「イチローでさえ」という部分は、Even Suzuki Ichiro にできますね。

先生： そうだね。副詞 even を使って、前に述べた内容をさらに強調する例を挙げると効果的だったね。

ヒデ： その後に「日米通算 4367 安打という前人未到の記録を打ち立てた日本人外野手」という内容を足していくんですね。

先生： そうだよ。イチローは超有名選手だから説明しなくても誰でも知っているとは思わずに、野球に詳しくない人にもきちんと伝わるようにするんだよ。

エリ： the Japanese outfielder who set an unparalleled record of 4,367 hits in Japan and the US のような説明を加えるということですね。

先生： その通り。set a record という VO のコロケーションもお見事だよ。

ヒデ： その a record を unparalleled っていう形容詞で修飾したのもうまい。

エリ： 前の文で unprecedented っていう形容詞を使っちゃったから、他に何かいい単語がないかなって思って使ってみたよ。

先生： 「空前の」という意味の形容詞だね。同じ単語を連発しない意識が高まってきていて素晴らしい。そこに「バッティングに専念した方が本人のためになると示唆した」という内容を加えていこう。

ヒデ： suggested that focusing on batting would make it possible for him to play better. でどうですか？

先生： 動名詞を S にして、うまく make OC を続けられたね。

エリ： focusing on を specializing in にするのはどうですか？

先生： そうだね。「専門にする」という意味の動詞をうまく使えたね。

ヒデ： make it possible for him は enable him にできますね。

先生： 「さらに〜の役に立つ」という意味の serve~ better を使う方法もあるよ。これで SENTENCE 10 も完成したね。

| SENTENCE 10 | 完成英作文

Even Suzuki Ichiro, the Japanese outfielder who set an unparalleled record of 4,367 hits in Japan and the US, suggested that specializing in batting would serve Ohtani better.

日米通算 4367 安打という前人未到の記録を打ち立てた日本人外野手のイチローでさえ、バッティングに専念した方が本人のためになると示唆したほどだ。

SENTENCE **11**

実際に、ベーブ・ルース以来、太平洋の両側で二刀流の成功例がなかったことから、ファイターズ球団内でも、プロレベルで二役をこなすだけの能力があるのか疑問視する者も当初は多かった。

✱ There 構文の連発を避ける

ヒデ： これは In fact で始められますね。

先生： そうだね。In fact は、さらに前文の内容を強める内容が続くことを示すサインだよ。

エリ： 「ベーブ・ルース以来、太平洋の両側で二刀流の成功例がなかった」というのは、there had been no successful two-way players on either side of the Pacific Ocean since Babe Ruth にできますね。

先生： 瞬間的に英語にできたね。素晴らしい。さらに「There 構文」を使わずに書きかえるとどうなるかな？

ヒデ： 「〜がない」という内容だから、the absence of any successful two-way players にするのはどうですか？

先生： よく覚えていたね。players は何度も使ってきたから、ここでは「前

例」という意味の名詞 <u>precedent</u> を使ってみよう。the absence of any successful two-way precedent を S にしたら続きはどうなるかな？

ヒデ： first made many in the Fighters organization question whether he could play two-way at the professional level. になる。

エリ： make OC は <u>cause~ to V</u> に書きかえられるね。

ヒデ： あと、he could play two-way は his ability to play two-way にできる。

先生： 素晴らしい。ability to V で「V できること」という意味の名詞のカタマリを作れるんだったね。two-way という単語を使いすぎたから、ここでは play two-way を「二役をこなす」という意味の <u>pull double duty</u> にしてみよう。これで SENTENCE 11 の英訳も完成したよ。

| **SENTENCE 11** | **完成英作文**

In fact, the absence of any successful two-way precedent on either side of the Pacific Ocean since Babe Ruth first caused many in the Fighters organization to question his ability to pull double duty at the professional level.

実際に、ベーブ・ルース以来、太平洋の両側で二刀流の成功例がなかったことから、ファイターズ球団内でも、プロレベルで二役をこなすだけの能力があるのか疑問視する者も当初は多かった。

~~~~~~~~~~ SENTENCE **12** ~~~~~~~~~~

しかし、当時の栗山英樹監督の信念は揺るがず、その甲斐あって、大谷は真の二刀流の天才へと進化を遂げ、1 シーズン 10 勝、100 安打、20 本塁打を達成した日本プロ野球史上初の選手となったのだ。

~~~~~~~~~~

✳「言い得て妙」な表現を摸索しよう

エリ： 「…信念は揺るがず」までの前半部分は「当時の栗山英樹監督は（大谷を）強く信じていた」ということだから、直訳すると then-Fighters manager Kuriyama Hideki firmly believed in Ohtani になりますね。

ヒデ： それを名詞のカタマリにすると then-Fighters manager Kuriyama Hideki's firm belief in Ohtani になる。

先生： いいね！ firm の代わりに、<u>unshakable</u> や <u>unwavering</u> のような形容詞を使って belief を修飾する方法もあるよ。

エリ： 「ぐらつかない、揺るぎない信念」っていう感じになりますね。

ヒデ： 栗山監督の強い信念を表すのにピッタリだね。その belief を S にして続きを書くと、helped him develop into a true two-way star. になるね。

先生： 変化の結果を表す into という前置詞をうまく使えたね。

| **SENTENCE 12** | ここまでの英作文

then-Fighters manager Kuriyama Hideki's unwavering belief in Ohtani helped him develop into a true two-way star.

先生： さらに工夫すると、develop を「変態する」という意味の morph にする方法もあるよ。「変形する」という意味の動詞 <u>metamorphose</u> の一部にもなっているね。サナギが脱皮して蝶になって飛び立っていくイメージになるんだ。

エリ： 本物の二刀流選手として羽ばたいていく姿をうまく表現できますね。

先生： そうだね。あと、star を <u>phenom</u> にしてみようか。少し口語的だけど、「並外れた能力を持った人」という意味でよく使われる単語だよ。

ヒデ： 残りの「1 シーズン 10 勝、100 安打、20 本塁打を達成した日本プロ野球史上初の選手となった」は、becoming the first-ever player in Japan's professional baseball history to achieve 10 wins, 100 hits and 20 home runs in one season. にできますね。

先生： 素晴らしい！ and become の代わりに , becoming という分詞構文を使ったんだね。これで SENTENCE 12 の英訳も完成したよ。

| **SENTENCE 12** | 完成英作文

However, then-Fighters manager Kuriyama Hideki's unwavering belief in Ohtani helped him morph into a true two-way phenom, becoming the first-ever player in Japan's

---

professional baseball history to achieve 10 wins, 100 hits and
20 home runs in one season.

しかし、当時の栗山英樹監督の信念は揺るがず、その甲斐あって、大谷は真の二
刀流の天才へと進化を遂げ、1シーズン10勝、100安打、20本塁打を達成した
日本プロ野球史上初の選手となったのだ。

~~~~~~~~~~~~~ SENTENCE **13** ~~~~~~~~~~~~~

案の定、2018年に大谷がメジャーリーグのロサンゼルス・エンゼルス
に移籍すると、投打の能力をあざ笑う声が多くの人から上がり、MLB
コラムニストのジェフ・パッサンは、スイングに欠点があり英語が話せ
ないため、新しい環境には順応できないと書き立てた。

✱ 細かいニュアンスを的確に表現する意識を持つ

エリ： 「案の定」は「予想通り」ってことだから、<u>Predictably</u> かな。

先生： 素晴らしい発想だね！ 続きの「2018年に大谷がメジャーリーグのロ
サンゼルス・エンゼルスに移籍すると」を英訳するとどうなる？

エリ： 直訳すると When Ohtani was transferred to the Los Angeles Angels in
the majors in 2018 になります。

ヒデ： それを名詞のカタマリにすると、Ohtani's transfer to the Los Angeles
Angels in the majors in 2018 になるよね。

先生： その通り。「投打の能力をあざ笑う声が多くの人から上がり」は？

ヒデ： とりあえず make OC を続けると、made many laugh at his potential
both as a pitcher and batter になりますね。

エリ： <u>lead~ to V</u> を使って、led many to laugh にすることもできるよね。

先生： その通り。laugh ではなくて <u>sneer</u> を使う方が、「あざ笑う」というニュ
アンスを的確に表現できるよ。

Ohtani's transfer to the Los Angeles Angels in the majors in 2018 led many to sneer at his potential both as a pitcher and batter

先生： この調子で続きを英語にしていこう。

ヒデ： 「MLB コラムニストのジェフ・パッサン」っていうのは「many」の例ですよね？ これまで使ってこなかった例示の方法って何かありますか？

先生： 「with OC」を使う方法があるよ。, with MLB columnist Jeff Passan writing that (...) という形で続きを書いてみようか。

エリ： 「スイングに欠点があり英語が話せないため」という部分は、SVC の C の形容詞を S に付けるテクニックと、<u>inability to V</u> を使って、his flawed swing and inability to speak English にできますね。

ヒデ： それを S にすると、「新しい環境には順応できない」っていう部分は、prevent him from adapting to his new environment. にできるね。

| SENTENCE 13 | 完成英作文

Predictably, Ohtani's transfer to the Los Angeles Angels in the majors in 2018 led many to sneer at his potential both as a pitcher and batter, with MLB columnist Jeff Passan writing that his flawed swing and inability to speak English would prevent him from adapting to his new environment.

案の定、2018 年に大谷がメジャーリーグのロサンゼルス・エンゼルスに移籍すると、投打の能力をあざ笑う声が多くの人から上がり、MLB コラムニストのジェフ・パッサンは、スイングに欠点があり英語が話せないため、新しい環境には順応できないと書き立てた。

しかし、大谷が懸命に努力し、エンゼルスが誠心誠意支えたことで、類まれな才能が開花した。2021 年には投手として 9 勝、打者として 46 本塁打を記録するという歴史的な偉業を成し遂げ、満場一致で MVP に輝いた。

✱ 時代や地名を S にする

エリ： 「大谷が懸命に努力し、エンゼルスが誠心誠意支えた」は、Ohtani's tremendous efforts and wholehearted support from the Angels にできますね。

先生： the Angels も何度も使ってきたから、ここでは愛称の the Halos を使おう。halo は天使の頭の上に描かれている輪のことだよ。

ヒデ： 面白いですね！　それを S にすると、「類まれな才能が開花した」は、enabled his exceptional talent to bloom. にできますね。

先生： make it possible for の代わりに enable をうまく使えたね。

| SENTENCE 14 | ここまでの英作文

Ohtani's tremendous efforts and wholehearted support from the Halos enabled his exceptional talent to bloom.

エリ： 「2021 年には投手として 9 勝、打者として 46 本塁打を記録する」は、In 2021 で始めたくなるけど、The year 2021 を S にできます。

先生： よく覚えていたね。時代や地名を S にして、see や witness を V にする方法を学習したね。

ヒデ： ということは、saw him win 9 games as a pitcher while hitting 46 home runs as a batter にできますね。

先生： 時代を S にした see OC をうまく使えたね！

エリ： 「歴史的な偉業を成し遂げて、満場一致で MVP に輝いた」という部分は、「投手として 9 勝、打者として 46 本塁打を記録＝歴史的な偉業」ということだから、同格のカンマを使って、, a historic feat で繋げられる。

先生： それを that earned him a unanimous MVP award という関係代名詞節

CHAP. 7

Practice

で修飾すれば、SENTENCE 14 の英訳が完成するね。

| SENTENCE 14 | 完成英作文

However, Ohtani's tremendous efforts and wholehearted support from the Halos enabled his exceptional talent to bloom. The year 2021 saw him win 9 games as a pitcher while hitting 46 home runs as a batter, a historic feat that earned him a unanimous MVP award.

しかし、 大谷が懸命に努力し、 エンゼルスが誠心誠意支えたことで、 類まれな才能が開花した。 2021 年には投手として 9 勝、 打者として 46 本塁打を記録するという歴史的な偉業を成し遂げて、 満場一致で MVP に輝いた。

SENTENCE **15**

MLB で 100 年ぶりとなる正真正銘の二刀流選手へ進化を遂げ、その才能を疑う人達を沈黙させたのだ。

✱ make OC からの言いかえの集大成

ヒデ： 「MLB で 100 年ぶりとなる正真正銘の二刀流選手へ進化」は、He developed into MLB's first true two-way player in a century にできますね。

エリ： He developed は His development っていう名詞のカタマリにできる。

ヒデ： それに into MLB's first true two-way player in a century を続ければいいね。

先生： 本当に瞬間的に英語にできるようになったね。感動したよ。true はもう使用済みだから、「正真正銘の」は legitimate にしてみようか。

エリ： 会話だと legit に短縮してよく使いますね。

先生： その通り！ 続きの「その才能を疑う人達を沈黙させた」を英語にすると？

ヒデ： made those who doubted his ability quiet はどうですか？

先生： make OC をうまく使えたね。make~ quiet は silence~ に、those who doubted は the doubters にできるよ。関係代名詞に頼りすぎないことは

大事だったね。他に何かあるかな？

エリ： ability の代わりに <u>prowess</u> を使うのもありだと思います。

先生： 「優れた能力」という意味の名詞だね。これで SENTENCE 15 を His development into MLB's first legitimate two-way player in a century has silenced the doubters of his prowess. という英文にできたよ。これで今回の講座は全て……

教授： development の代わりに <u>metamorphosis</u> という名詞を使うのも面白いんじゃないかな。大谷が本物の二刀流の選手に脱皮した姿を表すのにピッタリの名詞だよ。ヒデさんとエリさんの成長を象徴する言葉でもあるね。

エリ： あ、バーダマン教授！

ヒデ： いらっしゃったんですね。先生のエッセイからたくさんのことを学ばせていただきました。

教授： 2人ともよく頑張ったね。その調子でこれからも頑張ってね。

| **SENTENCE 15** | **完成英作文**

His metamorphosis into MLB's first legitimate two-way player in a century has silenced the doubters of his prowess.

MLB で 100 年ぶりとなる正真正銘の二刀流選手へ進化を遂げ、その才能を疑う人達を沈黙させたのだ。

先生： 最後にタイトルなんだけど、「ショータイム」はそのまま訳すと「Showtime」。でも、エッセイのタイトルなら一捻り加えたいところだね。アメリカのメディアで、Showtime を Shohei の Sho と組み合わせてもじったものにすることが多いんだよ。

ヒデ： なるほど！ 「Sho-time」ってオシャレですね。そういう一工夫もどんどん真似していきたいです！

教授： 良いライティングの追究には、終わりがないからね。この本を通じて、常にもっと良い表現がないか？　と考える癖がついたんじゃないかな。

一同： 勉強になりました。本当にありがとうございました！

Sho-time

He who runs after two hares sometimes catches both in high school baseball in Japan, where amateur players excelling both at pitching and batting are not uncommon. Upon turning professional, however, they are compelled to choose between them—except for Ohtani Shohei, whose superhuman feats in Japan and the US have forced the baseball world to change that conventional way of thinking. Hence the introduction of a new rule in the Major League Baseball (MLB) that allows designated "two-way" players to pitch with no restrictions.

Ohtani's versatility as a high school student made him the most prominent player in his native Iwate Prefecture in northern Japan. Despite his well-known determination to leave for the US after graduation, being picked first in the 2012 draft by the Hokkaido Nippon-Ham Fighters set the stage for his gradual evolution into a phenomenon that was later to be described as "Sho-time." The team's innovative plan aided him in walking the unprecedented two-way trail.

Ohtani's lofty aspirations ruffled the feathers of certain conservative baseball pundits. Among them was Nomura Katsuya, former manager of the Tokyo Yakult Swallows and some other Nippon Professional Baseball teams, who said that an inexperienced youngster like Ohtani should not underestimate professional baseball. Even Suzuki Ichiro, the Japanese outfielder who set an unparalleled record of 4,367 hits in Japan and the US, suggested that specializing in batting would serve Ohtani better. In fact, the absence of any successful two-way precedent on either side of the Pacific Ocean since Babe Ruth first caused many in the Fighters organization to question his ability to pull double duty at the professional level. However, then-Fighters manager Kuriyama Hideki's unwavering belief in Ohtani helped him morph into a true two-way phenom, becoming the first-ever player in Japan's professional baseball history to achieve 10 wins, 100 hits and 20 home runs in one season.

Predictably, Ohtani's transfer to the Los Angeles Angels in the majors in 2018 led many to sneer at his potential both as a pitcher and batter, with MLB columnist Jeff Passan writing that his flawed swing and inability to speak English would prevent him from adapting to his new environment. However, Ohtani's tremendous efforts and wholehearted support from the Halos enabled his exceptional talent to bloom. The year 2021 saw him win 9 games as a pitcher while hitting 46 home runs as a batter, a historic feat that earned him a unanimous MVP award. His metamorphosis into MLB's first legitimate two-way player in a century has silenced the doubters of his prowess.

(420 words)

参考文献

井上永幸・赤野一郎 編『ウィズダム英和辞典　第 3 版』（三省堂、2013）

市川繁治郎 編『新編　英和活用大辞典〈特装版〉』（研究社、2021）

南出康世 編『ジーニアス英和辞典　第 5 版』（大修館書店、2014）

竹林 滋 編『新英和大辞典　第 6 版』（研究社、2002）

ランダムハウス第二版編集委員会 編『ランダムハウス英和大辞典〔第 2 版・全 1 巻〕』
（小学館、1993）

松田 徳一郎・東 信行・豊田 昌倫・原 英一・高橋 作太郎・木村 建夫・山縣 宏光・
馬場 彰編『リーダーズ英和辞典　第 2 版』（研究社、1999）

松田 徳一郎・高橋 作太郎・佐々木 肇・東 信行・木村 建夫・豊田 昌倫 編『リーダーズ・プラス』
（研究社、2000）

Collins COBUILD, *COBUILD Advanced Learner's Dictionary* (HarperCollins Publishers, 2014)

Merriam-Webster, *Merriam-Webster's Advanced Learner's English Dictionary* (Merriam-Webster, 2016)

Colin McIntosh, Ben Francis, Richard Poole Ed, *Oxford Collocations Dictionary For Students of English app edition*
(Oxford University Press, 2020)

Oxford Dictionaries, *Oxford Dictionary of English* (Oxford University Press, 2010)

Oxford Language, *Oxford Thesaurus of English Second Edition revised* (Oxford University Press, 2006)

著者　　　**鈴木 健士**

Suzuki Takeshi

すずき たけし／千葉県生まれ。英国立バース大学大学院修了。
トフルゼミナール英語科講師・通訳者・翻訳者。
2002年FIFAワールドカップや2005年日本国際博覧会（愛知万博）などの国際イベントの通訳・翻訳のほか、宇宙航空研究開発機構（JAXA）のウェブサイトやNHKワールドのテレビ番組の英訳を行うなど、「ランゲージサービスプロバイダー」として幅広い分野で活躍中。
トフルゼミナールでは国内大学入試の英語対策、また海外留学対策指導のエキスパートとして独自のメソッドを展開。「英文ライティングのパイオニア」と評されるその指導力で、東京外国語大学や国際教養大学など難関大学への合格者を毎年多数輩出するほか、英検などの英語民間試験のライティングセクションで高得点を取る生徒が続出。
主な訳書に『改訂第2版　CD 3枚付　英語で聴く　世界を変えた感動の名スピーチ』、共著書に『TOEFLテスト　ここで差がつく頻出英単語まるわかり』（以上、KADOKAWA）、著書に『ここで差がつく！英文ライティングの技術　英語は「I」ではじめるな』（テイエス企画）、『大学入試　基本の「型」がしっかり身につく　自由英作文の合格教室』（KADOKAWA）がある。いずれも英文ライティングの技術が凝縮された良著として好評。

英語監修　　**ジェームス・M・バーダマン**

James M. Vardaman

1947年、アメリカ、テネシー州生まれ。プリンストン神学校、修士、ハワイ大学アジア研究専攻、修士。早稲田大学名誉教授。
著書に『日本人の英語勉強法』『ネイティブが教える 日本人が絶対間違える英語大全』（以上、KADOKAWA）、『毎日の英文法』『毎日の英単語』（以上、朝日新聞出版）、『アメリカの小学生が学ぶ歴史教科書』（ジャパンブック）、『アメリカ南部』（講談社現代新書）、『アメリカ黒人の歴史』（NHK出版）、『黒人差別とアメリカ公民権運動 —名もなき人々の戦いの記録』（集英社新書）など多数。

ENGLISH WRITING METAMORPHOSIS　LEARNING FROM AN AMERICAN PROFESSOR

アメリカ人教授に学ぶ
英文ライティングのメタモルフォーゼ

2023年1月27日　初版発行

著者	鈴木 健士
英語監修	ジェームス・M・バーダマン
発行者	山下 直久
発行	株式会社KADOKAWA
	〒102-8177　東京都千代田区富士見2-13-3
	電話0570-002-301（ナビダイヤル）
印刷所	株式会社加藤文明社印刷所
デザイン	堀 由佳里
イラスト	須山 奈津希
DTP	秀文社
校正	鷗来堂
英文校閲	Taka Umeda